歴史文化ライブラリー
320

江戸の寺社めぐり

鎌倉・江ノ島・お伊勢さん

原 淳一郎

吉川弘文館

目　次

江戸の旅と現代の旅——プロローグ

1　江戸の旅と現代の旅

近年、パワースポットがブームである。そして、パワースポットの概念や、その効果をめぐって多くの分野の研究者や評論家・小説家が論じている。一九八〇年代後半からバブル崩壊がはじまる九〇年代初頭あたりに、多くのカルト教団や霊感商法（法の華三法行など）が話題になった。筆者はオウム真理教がお茶の間の話題を独占していた時期に学生時代を過ごした。東京の大井町駅前などでたびたび勧誘されたし、地下鉄サリン事件（一九九五年三月）後に友人と富士山周辺をドライブ中、当時の上九一色（かみくいしき）村近くで検問を受けたりした。当時、筆者の通う大学では卒業式の日、品川のあるホテルで謝恩会を催し、その後、サークルやゼミなどでホテルの一室を借り、一夜を飲み明かすというのが習俗となっていた。かの教団の教祖らが衆議院選挙（一九九〇年）に立候補した際に使用していた「しょうこう！　しょうこう！　あ・さ・は・ら・しょうこう」というテーマ音楽が当時一種のヒットソングになっていて、ある年の卒業式の夜にホテル内で大合唱になったというのは有名な話である。社会的には何とも迷惑な話だが、それだけ学生にもまだまだパワーがあったのだろう。

それから十五年ほど経過し、ひと頃のカルトブームは止んだようでもあるが、その一方でパワースポットの流行がやってきた。カルト教団の頃と共通しているのは若者が主体であるということである。しかし、今回のパワースポットはおとなしいものに映る。例えば、四国遍路をしたり、神社に訪れたりする。そして、解放感に浸る。また、ここのところ若い女性の間で登山ブームが来ているようである。筆者も毎年夏になるとあちこちの山に登っていて、白い浄衣（じょうえ）をまとった導者と、男性数名や夫婦で登る人々のほか、団塊の世代より上の数十人の集団といったここ数年の光景に加えて、昨年あたりから急に若い女性数名で登っているのを見かけるようになった。登山ファッションにも凝って登山する女性を「山ガール」と言うようだ。

これは停滞する経済と少なからぬ因果関係があるだろう。筆者の勤務する大学でも二〇〇八年後半からの不況の煽りを受けて就職活動は苦戦している。もともと職の少ない東北では正規雇用となるのは難しく、嘱託や任期付きの職につく学生も多い。仮に正規雇用までたどり着いても希望とはかけ離れた職であることもあろう。

こうした状況下では、自然や宗教といった超人的なものに近づいていくのもやむを得ない。そもそも動乱期には多くの宗教を生み出してきた歴史がある。江戸時代末期には黒住(くろずみ)教（一八一四年）・天理教（一八三八年）や金光(こんこう)教（一八五九年）が教線を拡大し、日本経済が窮地に陥り、さまざまな社会問題が生じていた昭和初期には生長(せいちょう)の家(いえ)・創価学会(そうかがっかい)（ともに一九三〇年）・真如苑(しんにょえん)（一九三六年）・立正佼成会(りっしょうこうせいかい)（一九三八年）などが結成された。この点では普遍的な流れでもある。しかし、テレビや雑誌などでのパワースポットの取り上げ方を見ていると、どうも甘さがあるように思う。一方でアニメや妖怪がブームになっているように、どこか趣味的で現実逃避しているような点が見受けられる。

甘さと筆者が言ったのはそれらを否定しようという気持ちがあるからではない。

ただ警鐘を鳴らしたいのである。例えば、最近のパワースポットと江戸時代の旅を同質のものとみなそうとする見方には反対したい。なぜなら江戸時代の旅はようやく安心感を獲得しつつあったけれども、依然として「決死の旅」であったことには違いないからである。これは本書の主張の一つでもある。そのため本書ではできるだけ江戸時代の旅の実態を見ていきたい。

なお、旅という社会的現象は決して行く側の気持ちや行動だけで生み出されるものではない。「山ガール」も登山用品を売りたいスポーツ用品メーカー、時代を先取りして部数をのばしたいメディアなどの思惑も絡んで成り立っている。こうした動向は江戸時代も同じであり、本書でもこの点を意識したつもりである。

なお、同ライブラリーではすでに深井甚三氏の『江戸の旅人たち』によって旅の諸相が紹介されているので、あわせてお読みいただきたい。また、江戸時代の旅について概説的に勉強するならば新城常三氏の『庶民と旅の歴史』（ＮＨＫブックス）がまずは良いだろう。こちらは古本でしか手に入らないと思われる。巻末には参考となる文献を紹介したので、興味を持たれた方はそちらも参照していただきたい。

旅に出る前に

往来手形と関所手形

庶民が旅に出る場合、必要なものがある。お金や衣類、そのほか矢立や菅笠など定番の旅道具は別にして、往来手形が必要になる。それが次の史料である。

江戸時代のパスポート——往来手形

拙寺檀中八郎歳三拾八才ニ而、此度神社仏閣諸国修行のため罷出候、其もの切支丹宗門胡乱ケ間敷ものに御座無く候、依而国々関所御番所御気懸無く御通シ下置かるべく候、若万一病死等仕候ハヾ其の処の御法を以て、御取仕舞下さるべく候、此方へ御届けニ及び申さず候　以上

弘化三酉年（一八四六）霜月二十二日　　羽州米沢郡十王村曹洞宗

瀧　沢　寺　印

国々御関所　処々御役人衆中

この史料の大意は、私の寺の檀家八郎は三十八歳で、このたび諸国修行の旅に出かけます。この者はキリシタンなど怪しい者ではありませんので、関所・番所をお通し下さい。もし万が一病死などしましたら、その土地の慣習によって処理して下さい。こちらへは届けなくても結構です、という内容である。

この史料を「往来手形」と言う。現在で言えばパスポートに近いものである。この文書は全国の関所や橋場・舟渡などを通過する際に身分証明書代わりとなり、無事通行が許可された。これを発行するのは、村の場合、村役人や檀那寺であった。檀那寺は寺請制度によって檀家の所属宗派を保証する役割を担っており、これが旅の場合も適用されたのである。また、「往来手形」には行き倒れた場合の処理の仕方が書かれている場合もあり、通常は倒れた土地の慣習に則って埋葬してもらうよう願うことが多い。つまり、行き倒れたら、故郷ではなくその土地で永遠に眠ることになるのである。こうした文書が現在多く残っているのには、ようやく庶民にも旅が可能となってきていたという社会的背景がある。

関所手形

男性なら箱根の関所を除いてだいたいこれで十分だが、女性となると少しややこしい。特定の関所を通る場合には、また別に関所手形というものが必要になる。

女壱人播州赤穂より江戸へ指下し申候、今切（新居）御関所相違なく罷通候様御手判遣わされ下さるべく候、私家来山名道誉と申す者の下女にて御座候、もし此女に付、以来出入（訴訟事）御座候は私方へ仰聞さるべく候、後日のため仍って件の如し

延宝七巳未年（一六七九）六月　　浅野又市郎　花押

戸田越前守殿

これは忠臣蔵で有名な浅野内匠頭長矩が、京都所司代の戸田忠昌に今切（新居）関所を通行するための関所手形を発行してくれるよう頼んだ文書（新居関所史料館所蔵）である。通行するのは、浅野家家臣の山名道誉の下女であり、彼女が播磨国赤穂から江戸まで来るために、長矩みずからが申請をしているのである。関所手形を発給できる人物は上り下り、地域別に決まっていた。江戸なら幕府御留守居職、西国なら京都所司代、関所に比較的近い地域であれば、関所に近い特定の大名が手形発行の役目を負っていた。なお男性が箱根を通る場合、非合法とはいえ、旅籠屋などで簡単に書いてもらうことができた。

女四人内乗物壱挺（ちょう）・脇明（わきあけ）壱人三州（三河国）知行所岡山村より呼び越し申候、御関所相違なく罷通り候様に御手形下さるべく候、右の義につき、以来申分には拙者方へ仰聞さるべく候、後日のため仍って件の如し

延宝三年（一六七五）卯三月朔日　　吉良上野介（きらこうずけのすけ）　花押

水野監物（けんもつ）殿

こちらは代わって、吉良上野介義央（よしなか）が岡崎藩主水野忠善に関所手形の発行を願い出た文書（新居関所史料館所蔵）である。彼の領地である三河国岡山村から女性四人を呼び寄せるためである。ここで注目すべきは「女四人内乗物壱挺・脇明壱人」となっている点である。関所手形は女性の出入りを監視する目的が強い（もう一方で鉄砲や囚人・首・死骸などの取り締まりもある）。したがって、女性の人数・容姿・年齢、乗物数などが具体的に手形に書き込まれた。容姿と言っても、尼とか少女とか髪切（後家）といったおおよその年齢が判別できるようなことが記された。この場合は「脇明」とあるので、四人のうち一人は成人前の女性であると推定される。

実はこの文書には続きがある。裏に、

表書の女四人御通しあるべく候段、吉良上野介本文これある事に候、以上

延宝三年卯三月朔日　　水野監物　印

中根平十郎殿

とある。つまり、裏面を使って手形発行の権限がある水野監物が、中根平十郎という今切関所の奉行に宛てて、吉良の言うとおり通して下さいと伝えており、結果として吉良の申請通り関所手形を発行していることになるわけである。旅人はこれを携帯していき、関所を通過する時に提出することになる。ところが面倒なのは、関所手形というのは、この文書を見ても分かるとおり、一つの関所に対して発行されるものである。ということは、関所ごとに一つずつ手形を用意しなければならない。いずれの事例も江戸に向かったと考えられるから、箱根関所を通過するための関所手形も用意されたに違いない。

このように女性にとって、旅に出ることは面倒な一手間がかかったのである。

ちなみに松の廊下での刃傷事件は、この二十六年後の二月のことである。

参詣講

旅費捻出システム—参詣講

参詣講とは、庶民が生み出した偉大な知恵である。伊勢参りは三両、温泉湯治一週間で一両ぐらい掛かるものである。当然、行き先や交通手段、宿のランクによって大分幅が出るが、道中日記に記された金額を見ると、おおむねこのような金額となる。

では、これが高いのか安いのか。と言えば、都市の中下層民、村落民の大半にとっては、年収の多くをつぎ込むことになる。年収のうち、人間として生命を維持するために必要な金額（村民として生きていくための交際費も含む）を除いたものが、当然の事ながら物見遊山に充てられる。その家だけで伊勢参りの金額を捻出するのはなかなか困難である（「江戸時代に旅が大衆化した理由」の章参照）。

ではどうすれば良いか。それには頼母子講的なシステムを利用するしかない。そこで登場するのが参詣講である。講に参加した者たちがそれぞれいくらかお金を納め、代表者が皆にかわって参詣してくるわけである。そのためこれを「代参講」とも言う。代表者をどのように決めるかというと、家の並び順であったり籤であったりと、地域ごと、講ごとでさまざまで、何年か一度、加入者全員に参詣の機会が回ってくるのである。

現在の新潟県佐渡市の相川町には、次のような文書が残されている（『新潟県史』資料編九）。

一　当年伊勢参宮仏参の者、是迄の通り鬮取に致させ相定申すべき哉の旨伺い、十一日羽田町常徳寺において鬮取致させ、翌十二日左の通り名前書き付け差し上げ

伊勢参宮

壱丁目吉松　四丁目文助　下戸町三左衛門　下戸町喜十郎　下戸町長次郎　坂町平坂町仁助　大間町熊内　柴町富助　夕白町弁次郎　大工町卯右衛門　大工町つま　南沢三助　相川町石松　坂下町長助　〆拾五人

（中略）

右の通りに御座候、以上

（明和二年）酉三月

町年寄

この史料によれば、この町では、この年（明和二年）も例年どおりに籤によって伊勢参りをする者十五名を決めたとある。こうしたシステムは伊勢講だけではない。近世後期ともなると、全国各地の寺社を対象として参詣講が組織された。

しかしよく考えて欲しい。確かによく考えられたシステムだが、そもそも何年かに一回廻ってくるならば、ある程度の年数個人でお金を貯めていけば同じことではないだろうか。そのように考えると、参詣講の違った側面が見えてくる。参詣講は決して金銭的な相互扶助のための組織としてだけあったわけではなく、次のような理由により存在した。

参詣講と村落社会

まず一つには、参詣講が村落や都市において、集団内の結束を固めるものとして機能していたという点である。都市では、同業者同士で講が形成されている一方で、村落では地縁で講が組織されている傾向が強い。ただし村落の場合、村全体で講を結成するわけではなく、村の中にいくつも参詣講が並立していることの方が多い。それが村の支配体制から来るものなのか、血縁関係によるものなのかという点は実はまだよく分かっていない。また、同じ人間がいくつかの講に所属していたことも普通であった。江戸時代の村のあり方は多種多様で、関東では相給（村の土地が複数の領主の知行所であること）が珍しくなく、時には十三給という村もある。そうなると年貢を納めるのも十三ヵ所となり、法令によっては十三ヵ所から同じ法令が廻ってくることになる。極端なことを言えば、一つの村のなかに十三人の名主がいてもおかしくないわけである。よってその村の支配体系いかんによって、参詣講の構成メンバーに影響を与えることは十分に考えられるものである。

いずれにしても参詣講での営みは日常の人間関係に直結してくるものである。したがって、雨乞いなどの共同祈願で寺院や神社に祈願に行くということも考えられる。この意味で、村の場合参詣講と言っても物見遊山という簡単な言葉では割り切ることなどできない。そのため、講のなかでもいろいろ取り決めがなされていた。参詣の道中でも同じである。次の史料は、佐倉藩領の下総国印旛郡臼井台町の名主仁右衛門が伊勢参りの者へ指示したものである（『佐倉市史』巻二）。

　伊勢参宮道中毎日申し聞かせ、一同心得べきこと

一仲間一同睦まじく、食物ならびに足を要心、金銭大切に、笠荷物等取り落とし紛失

これなきよう、いたすべきこと
一他村の旅人と口論・喧嘩決していたすまじきこと
一喰物そのほか諸品代銭を払わず、喰逃、取逃等決していたすまじきこと、ならびに道中にて買物いたすまじきこと
一馬方・船人川越等へ念入掛合いたし、麁略（そりゃく）いたすまじきこと
一近道ならびに脇筋船など、途中にて勧誘候とも、決して脇通り入（いる）べからざること
一見知らざるもの、程よく咄（はなし）いたし候とも、決して取り敢えず申まじきこと
一夜道等歩行申さず、昼の内も仲間道同（ママ）いたし、はぐれ申さざるよう、いたすべきこと
一足痛・病気のほか、謂（い）われなく、逗留いたすまじきこと
右の通り、毎朝申合わせ、失念無く仕り、申し渡さるるの趣、堅く相守り申すべきこと

嘉永元申年（一八四八）五月晦日

堀田備中（正篤のち正睦（まさよし））守領分
下総国印旛郡臼井台町
名主　仁右衛門

このようにきわめて教訓的である。つとに文化七年（一八一〇）には、『旅行用心集』という現在の『地球の歩き方』のような旅の心構えを記したガイドブックが出ている。そのため、ここで記された内容自体は特別なことではない。しかしこうした指示を与え、しかもこれを毎日伝えろというのは、単にもめごとを起こして迷惑をかけるな、という名主の心配だけではない。規律正しく仲むつまじくすることが普段の生活につながっているからに他ならない。

また、最後の無駄に逗留するなどという件（くだり）にあるように、そこには物見遊山などという浮ついた気分はあまり見られない。なぜなら旅先への不安は現在とは比べものにならないほど甚大だからである。

旅の危険

そこで第二に、安心感である。旅先では体調を崩して亡くなることも決して珍しいことではない。すでに述べたとおり、往来証文の文言がそれを端的に示している。村落文書で、旅人の死体処理に関する文書も全国的に残されている。往来手形では、「その土地の習慣で処理して欲しい」と書いてあるが、旅人の形見（かたみ）を送ったり、連絡が取れて出発した村から代表者がわざわざ来て形見を引き取っていくという場合もある。

このほか、脇往還に入れば悪路であったり、物を盗まれたりと道中への不安はつきない。現在と違い、雑誌もホームページもない時代である。絵図や名所案内記などによってある程度想像はできても、それには限度がある。参詣講の仲間によって行くということは、何よりも大きな精神安定剤であった。

道中日記

この意味では、旅人が書き記した道中日記も安心感を与えるものであった。

道中日記にはごく簡単に旅の行程が記されるのみである。おおよそ日付と訪問先・宿泊先・費用程度である。稀に感想や寺社の来歴、名物なども記されることもある。では、こうした道中日記をなぜ記すかというと、後世の旅人の参考とするためである。

嘉永元年（一八四八）五月の陸奥国江刺郡黒石村（現岩手県奥州市）の作太郎の道中日記（『伊勢参宮道中記』）の文末には、

> 文政八年之年鵜木長右衛門殿参宮仕道中記を願上、拙者義持参致し嘉永元申年五月十五日相立申候也、八月廿五日帰宅仕候、先大概書記候得共、紙筆に尽しかたし、何方之御人様参り候ても名所掛所御気を付て御廻りならるべく候以上

との文言が記されている。つまり、今回の伊勢参りにあたり、文政八年（一八二五）に伊勢参宮を行った鵜木長右衛門の道中日記を借りたのである。また、この鵜木の道中日記に

刺激を受けたのか、作太郎もまたこうして旅のあらましを書いたのだ、と述べている。最後にこれから旅をしようという人に対して注意を促しているから、明らかにこの道中日記が読まれることを意識して書いていることが分かる。このように、道中日記は後世の旅人にとって数少ない情報源であった。

講にしろ道中日記にしろ、安全に寺社参詣の旅を達成するための知恵である。

旅のセールスマン――御師

第三に、寺社側の都合もある。各寺社の下には御師（おし）と呼ばれる参詣者と寺社の仲を取り持つ宗教者がいた。御師の主な仕事は宿坊（しゅくぼう）と檀家（だんか）廻りである。参詣時期には参詣者を宿泊をさせ、山岳であれば先導をつとめたり、祈禱を行ったりした。参詣の少ない時期には檀家の家を廻り、札を配り、初穂料（はつほりょう）を受け取り、次回の参詣を促した。この檀家廻りの際には新規に檀家を獲得することも一つの役割であった。

この御師にとって見れば、各村を廻っていく折に、講が組織されていれば、より効率的に廻ることが可能となる。例えば、講元や世話人になっている家に講員を集めてもらい、そこでいっぺんに札配りなどをこなすわけである。講の組織が拡大されていけばいくほど、檀家廻りはシステマティックになっていき、一度に多くの場所を廻ることができ、かつおおよその日程を予測することが可能となるのである。

講の成立

御師だけでない。各地で講が成立してくると、その講を寺社が組織化しようとする。要するに講の把握と統制である。個人一人一人を相手にするよりもはるかに信者数を把握することが簡単である。例えば、成田山新勝寺（なりたさんしんしょうじ）は十九世紀に入ってから徐々に講が組織化されていき、むしろ近代になってからさらに講を拡大させ、現代の繁栄の礎を築いた。昭和四十三年（一九六八）時点の「講社芳名録」によれば、北は北海道から南は九州まで講が形成されており、かつ各地の信仰の核として、こちらも北海道から九州まで「別院」が設けられている（『新修成田山史』）。

この成田山の成功例を見るにつけ、寺社の側からすれば、都市であろうが農村部であろうが、講を組織させることが成功の鍵を握っていたと言えよう。あれほど江戸文学のなかに登場していた相模大山（おおやま）が、とくに都市において、講の組織化と把握ができなかったために、近代以降急激に檀家を減らしていった歴史とは、あまりに対照的である。

餞別と土産

土産の重要性

費用の問題をクリアし、旅先への不安も何とかぬぐい去れたとして、旅に出る場合、もう一つやらなければならない仕事がある。それはお土産である。今でも出張などに行くと、家族や友人にお土産を買って帰るのは当然として、もし仕事を休んで行った場合は、職場の同僚にも買っていかないと申し訳ないという感覚がある。江戸時代は、数ヵ月も家を留守にするわけだから、残した家族や田畑の世話などを村人らに頼んでいく必要があった。また参詣講（さんけいこう）であれば、代表者（代参者）だけが参詣したので、ほかの講員へのお土産が必要となる。そして最も大事なことは、道中での死も十分に考えられたことである。

旅に出ることは、宗教学において、いったん死んで再生する（生まれ変わる）という理論に当てはめられるように、最悪、死を覚悟するものである。そのため、村人たちは旅人に餞別（せんべつ）を渡し、村境まで見送る。そして、戻ってくると村境まで出迎える。旅に出ることによって、あるいは山岳信仰で厳しい登拝を経験することによって、一種の神となるわけである。これは観念的なものだけでなくて、旅先で仕入れた農業技術を伝えるなど、実践的にも村へ果たす役割というのは大きい。

このように村や講をあげて見送られ餞別を受けるから、土産が必要である。

二二・二三ページの二つの帳面の写真を見て欲しい（福島県歴史資料館所蔵『神林家文書』）。一つが文久四年（一八六四）正月二十二日の「伊勢参宮餞別受納帳」（図1）である。書いてある内容は、

一、銀壱朱也　本町　豊吉様
一、青銅拾疋　向　源兵衛様
一、同　拾疋　たた屋茂兵衛様内　長吉様
一、金百疋　染屋　安兵衛様

と、ずらっと受け取った金額と氏名が記されている。このように基本的には金銀銭である

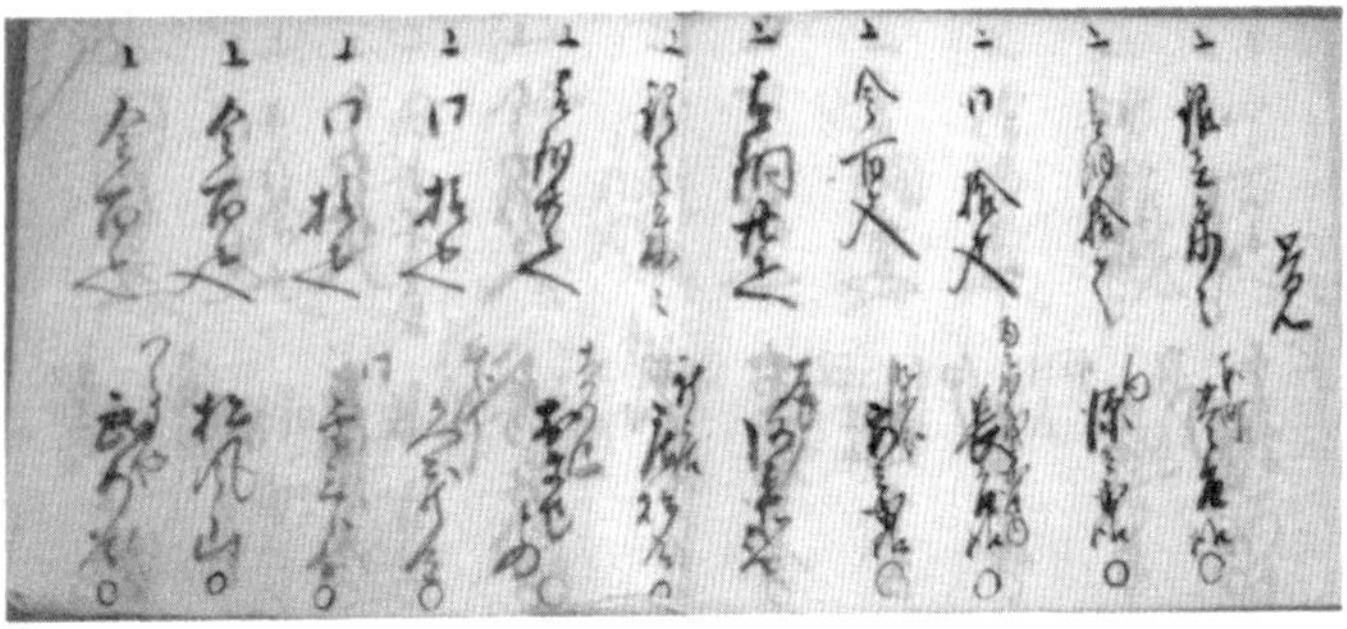

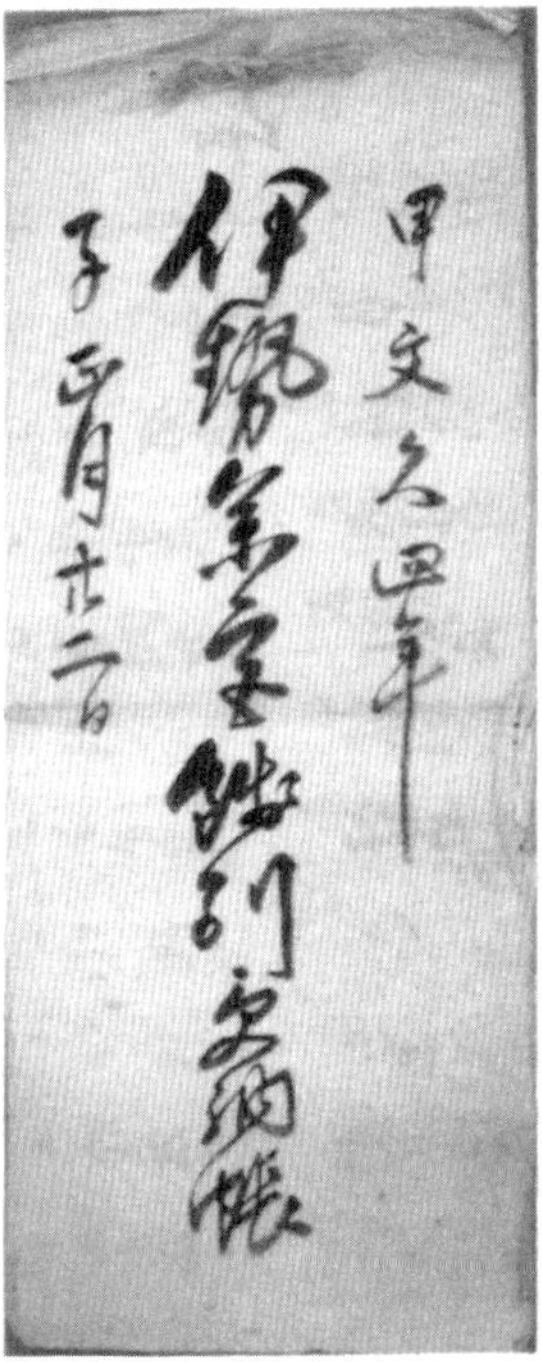

図１　「伊勢参宮餞別受納帳」
（福島県歴史資料館所蔵）

が、数人別のものを渡している人もいる。例えば、「薬（気つけ喰当り二品）」であったり、「小風呂敷めりやす」や「絹糸拾壱把（わ）」という人もいる。時期は、当初は記されていないが、三月頃から日付が記され五月六日まで記されている。したがって、正月二十二日過ぎてからその多くは集金されたものの、三月から五月くらいまでに集めるのにかかったということだろう。

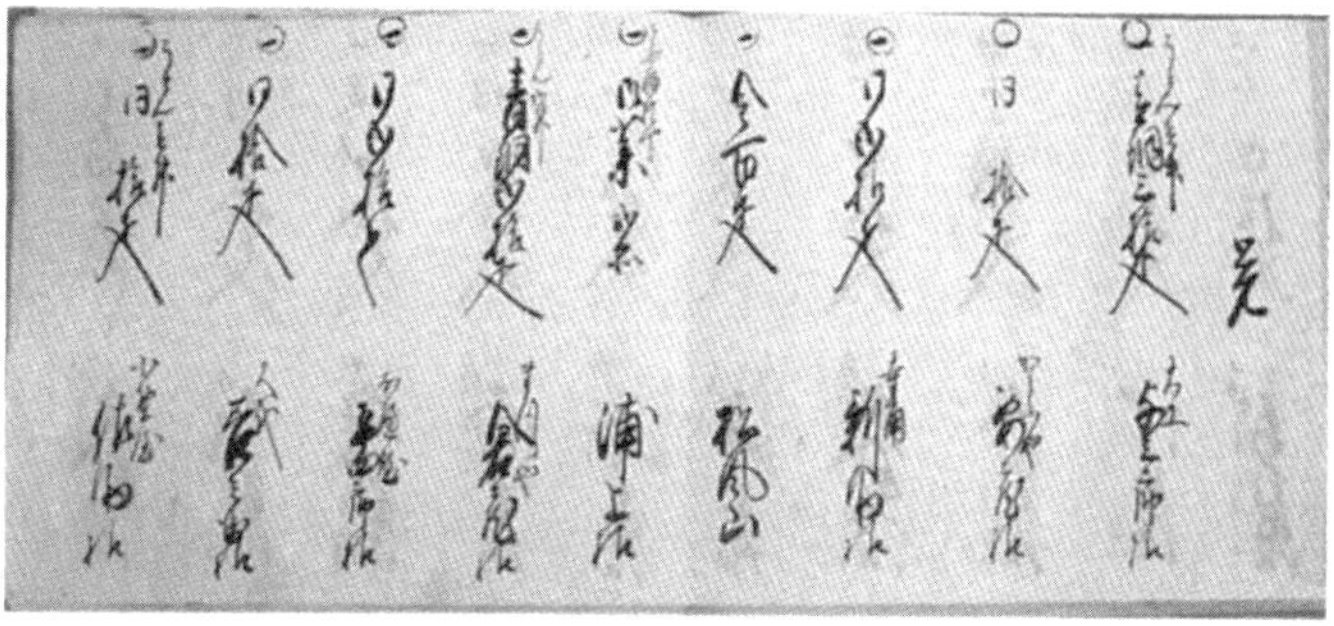

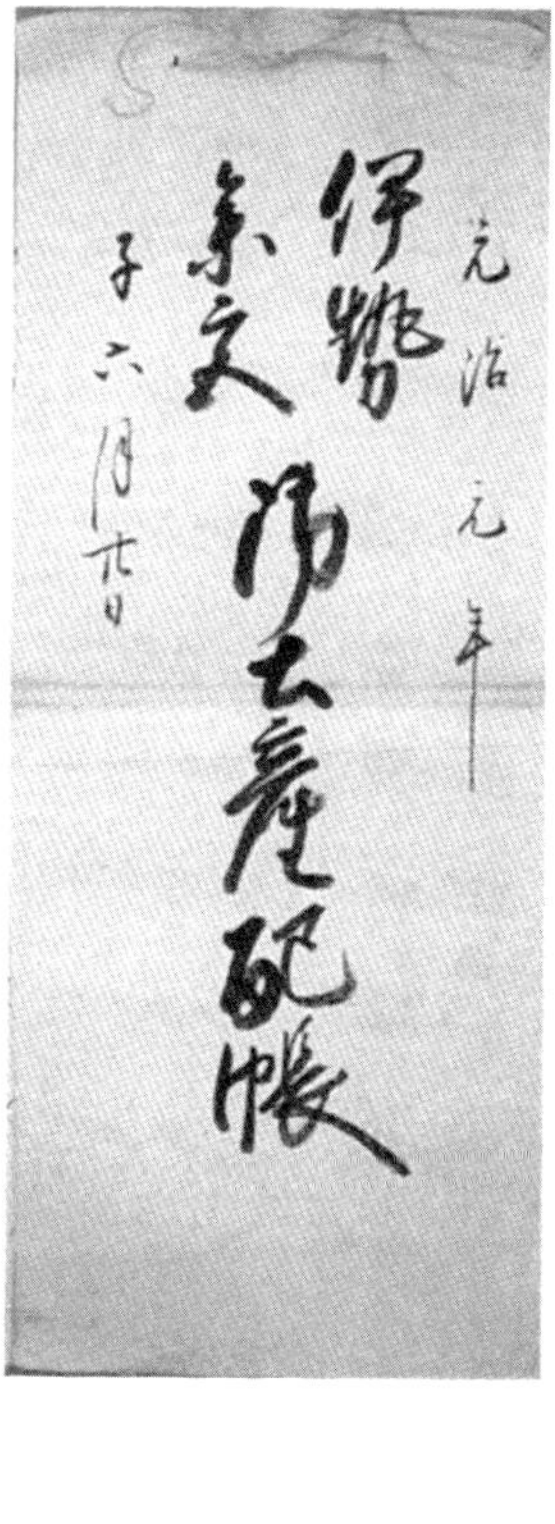

図2　「伊勢参宮御土産配帳」
（同所蔵）

サカムカエの儀礼

ところで、この帳面はこれで終わりではない。先に旅人が戻ってくると迎えに行くと述べたが、これを一般的には「サカムカエ」という。出迎えた人々が旅人とともに酒宴を催すのである。そのためこの帳面では「迎酒分」として、次のようにこのサカムカエの際に用意した品名を綴っている。

一、うんとん弐升　松や勘助様

一、平目壱枚　いかりや喜右衛門様
一、うとん弐升　加藤清助様
一、同　壱升　小野や佐助様

全体的にうどんと酒が多く、そのほか蒲焼きと平目が少しあり、豆腐・河鹿（かじか）・山芋が各一点ずつであった。酒はただ酒とあるが、一つだけ「男山」と書いてある。「男山」という銘柄は伊丹の「男山」を筆頭に北は北海道から南は九州まで各地にあるが、ここは会津であるから、おそらくは現在の福島県田島町の「男山」であろうと推察されるが、確証はない。

日待御祝儀

だが、この帳面はまだ終わりではない。三つに「日待御祝儀」とある。この帳面では、日付が記されており、三月六日・八日・十四日・十五日・二十日・二十五日に日待が行われたことが分かり、祝儀が金銭のほか、行器（ほかい）や煮染（にし）め・蒲焼き・平目・浜焼鰈（かれい）などが記されている。日待とは、一般的には決まった日（全国でもさまざまである）に村の者が夕刻に集って一夜を明かし、翌朝の日の出を拝んで帰宅するというもので、酒宴を伴うものである。ただしこの場合は、留守中に代参者を思って行われたものであると考えられる。道中日記がないため、いつ旅が行われたかはっきりしないが、一月に「餞別帳」が作成され、六月に「土産帳」が記されていることから、おそらくはちょうど伊勢神宮に到着したと予想される三月前半に連日人が集い日待をしたと考えるのが妥当だろう。

ところで一方の、同年、元治元年（一八六四）六月二十日の「伊勢参宮御土産配帳」（二三ページ図2）という帳面は、ふつうに考えると、単に誰に何をお返ししたか書いてありそうであるが、そうではない。それでは二つの帳面を比べてみよう。一見して「土産配帳」の方が綺麗に書いてある。これは明らかに旅の後じっくり丁寧に清書したものである。そしてよくよく見ると、出てくる順番が違えども「餞別帳」の金額と氏名がそのまま写されていることに気づく。ではなぜ順番が違うのか？　この答えは簡単である。「餞別帳」にあるとおり、餞別と、サカムカエと、日待の祝儀それぞれ重複して出している人がいるため、これを人ごとに整理しているのである。写真を見ると、朱書きで品名が記されているが、これは餞別のほかにサカムカエや日待にも何らかの品物をくれた場合のみ、その品物を記したものである。

今でも結婚式や葬式の際に、誰がどれくらい祝儀や香典を出したかという記録は保存し、今度はこちら側が出す場合の参考とすることが間々ある。これと同じことであって、土産物を渡す際の目安であることはもちろん、今後の村のなかのさまざまな局面において参考とするため、これだけ綺麗に清書したのだと思われる。

土産の種類

この帳面では、実際にどのようなものを土産として渡したかが分からないため、ほかの史料を見ることにしよう。明和八年（一七七一）に寒河江楯南村（現山形県寒河江市）の名主で酒屋を営む我孫子家の次男周蔵が三十歳で伊勢参宮をした際の道中日記に拠ってみたい（『東岡仙参宮日記』『寒河江市史編纂叢書』一二）。彼は俳人でもあり、同行した弟が書をやっていることから京では池大雅に逢っているほか、明和八年がぬけ参りが流行った年であることから、その関連記事もあり、特色ある道中日記となっている。この道中日記のなかに、土産物に関する記事がある。

彼の場合、家族にのみ贈っているようである。兄には巾着・鏡・香のほか、池大雅筆の扇子・屏風画を渡している。兄嫁や女兄弟には扇子や鏡台・琴の糸といったもの、子供たちには小太刀と貝合わせ、そのほか男性には印籠・羽織・扇子、帯といったものである。大人には実用的なものを買っている。周蔵はこまめに小遣帳をつけているので、大方どこで購入したものか判明する。江戸を往復ともに通過しているが、江戸では全く購入しておらず、ほとんどのものが京で仕入れたものである。京で買ったものへの付加価値があるのだろう。

　その一方で、帳面を見渡しても荷物を送ったことは記されていないことから、多分持ち帰ったものと推察される。そのためか、あまり重い物、大柄な物を購入していないことも特筆すべきことである。つまり携帯可能なものである。彼の場合使用してはいないが、もちろん飛脚（ひきゃく）を利用することもできた。

旅の実態

ルートの選択——円か直線か?

旅の代表格——伊勢参り

江戸時代の旅の代表的なものは、いわゆる「伊勢参り」である。道中日記が最も多く残っているのも伊勢参りのものである。ではなぜ伊勢なのか?まだ定説はないが、現時点でいくつか理由が考えられる。

一つ目に、元来伊勢神宮が「私幣の禁」といって一般の人が参拝することが禁じられた国家のための神社であったが、古代末から徐々に貴族や武家そして庶民へと対象を拡大していったこと。二つ目に、その際に下級神官である伊勢御師（おんし）が活躍し、全国にネットワークを張り巡らして檀家（だんか）を獲得したこと。三つ目に、全国に存在した神宮領において、神明社などが勧請（かんじょう）されるなど荘園経営をするなかで、その存在が認知されていったこと。四つ目に天照大神をまつる内宮に対してコンプレックスを抱いていた外宮の神官たちが、仏教などと比べしっかりとした教義のない神道を体系化させ、そのなかで祭神の豊受大神を農業神として宣伝していったこと、などが挙げられる。

こうした背景もあり、伊勢参りが最も代表的な旅となった。当然のことながら、伊勢参りの史料が多く残っているわけであるから、最も研究が進み、具体的なことも分かってきている。例えば、道中日記を数量的に分析することで、伊勢参宮者がどのようなルートを辿っていたのかが分かっている（小野寺淳『道中日記にみる伊勢参宮ルートの変遷』など）。

基本となるコース

伊勢参りは伊勢神宮への参拝をするだけではない。基本的なコースは三つあったと考えて良い。一つ目は、Ⓐ伊勢へ参詣してただちに帰るもの、二つ目が、Ⓑ伊勢参りののち、西国巡礼をあわせて行うもの、三つ目が、Ⓒ伊勢参りののち、奈良・大坂・京を廻るもの、である。

現在残っている道中日記では、畿内から参詣するもののほかでは、ほとんど伊勢へ参詣してそのまま帰る者はいない。大方ⒷかⒸを取る者が多い。しかもⒸの場合、一八〇〇年前後から、東日本からの参詣者には、海を渡り金毘羅参詣をする者、さらに足を延ばして厳島や岩国の錦帯橋、そこから山陰に出て出雲大社などをめぐる者まで現れた。一方、西日本からの参詣者にもまた、伊勢から東へ下り、江戸や日光まで巡覧しようとする者が出現した。ただし、Ⓑも©も道中日記が多く残りはじめる延享・宝暦以降幕末まで、ずっと定番のまま維持された。

もう一つ大きな特徴として、東日本から参詣する場合、往路に東海道、復路に中山道を使うこと。そして、それは単に東海道を辿るだけでなくて、東海道であれば、鎌倉・江ノ島（現神奈川）からはじまって、相模大山（同）、富士山・久能山・秋葉山（現静岡県）、鳳来寺山・甚目寺・津嶋神社（現愛知県）など、復路の中山道でも善光寺（現長野県）、榛名山・妙義山（現群馬県）などをめぐる旅であった。西日本からの場合、往復瀬戸内海を利

図3　西国巡礼型伊勢参りのモデルルート

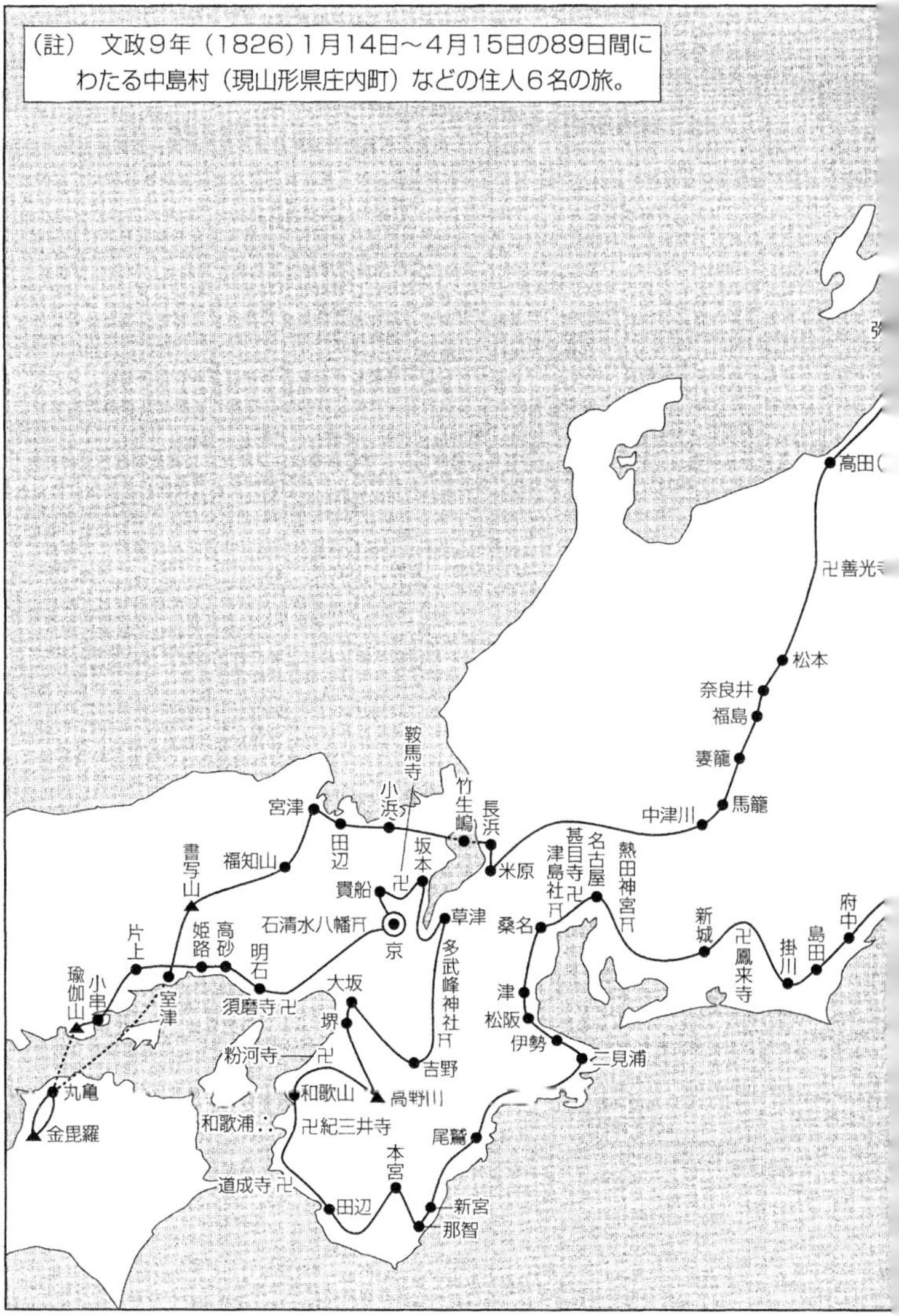

（註）　文政９年（1826）１月14日～４月15日の89日間にわたる中島村（現山形県庄内町）などの住人６名の旅。

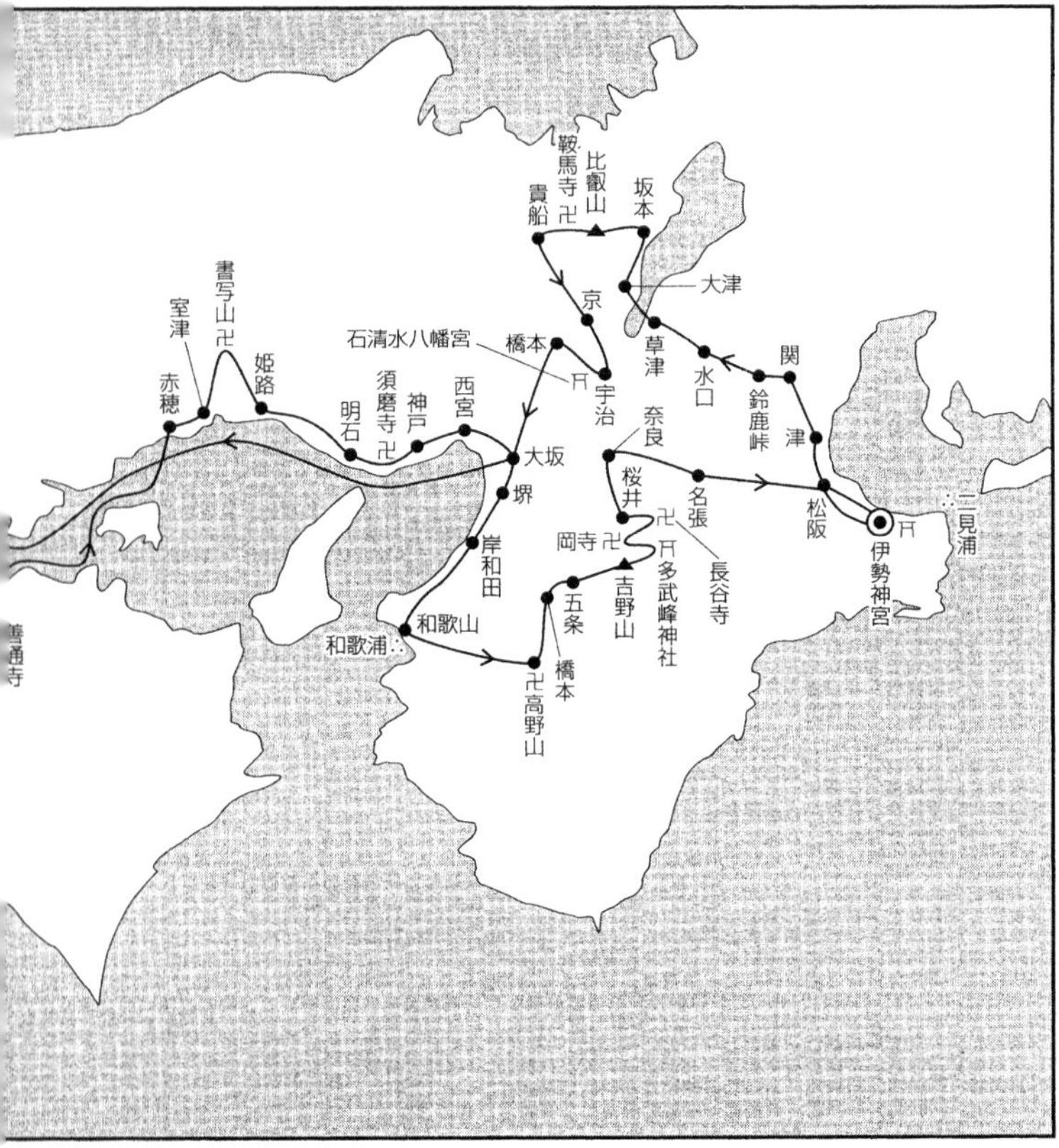

比叡山
鞍馬寺
貴船
坂本
大津
京
草津
関
水口
鈴鹿峠
津
松阪
伊勢神宮
二見浦
石清水八幡宮
橋本
宇治
奈良
桜井
名張
長谷寺
岡寺
多武峰神社
吉野山
五条
橋本
高野山
和歌山
和歌浦
岸和田
堺
大坂
西宮
神戸
須磨寺
明石
姫路
書写山
室津
赤穂
善通寺

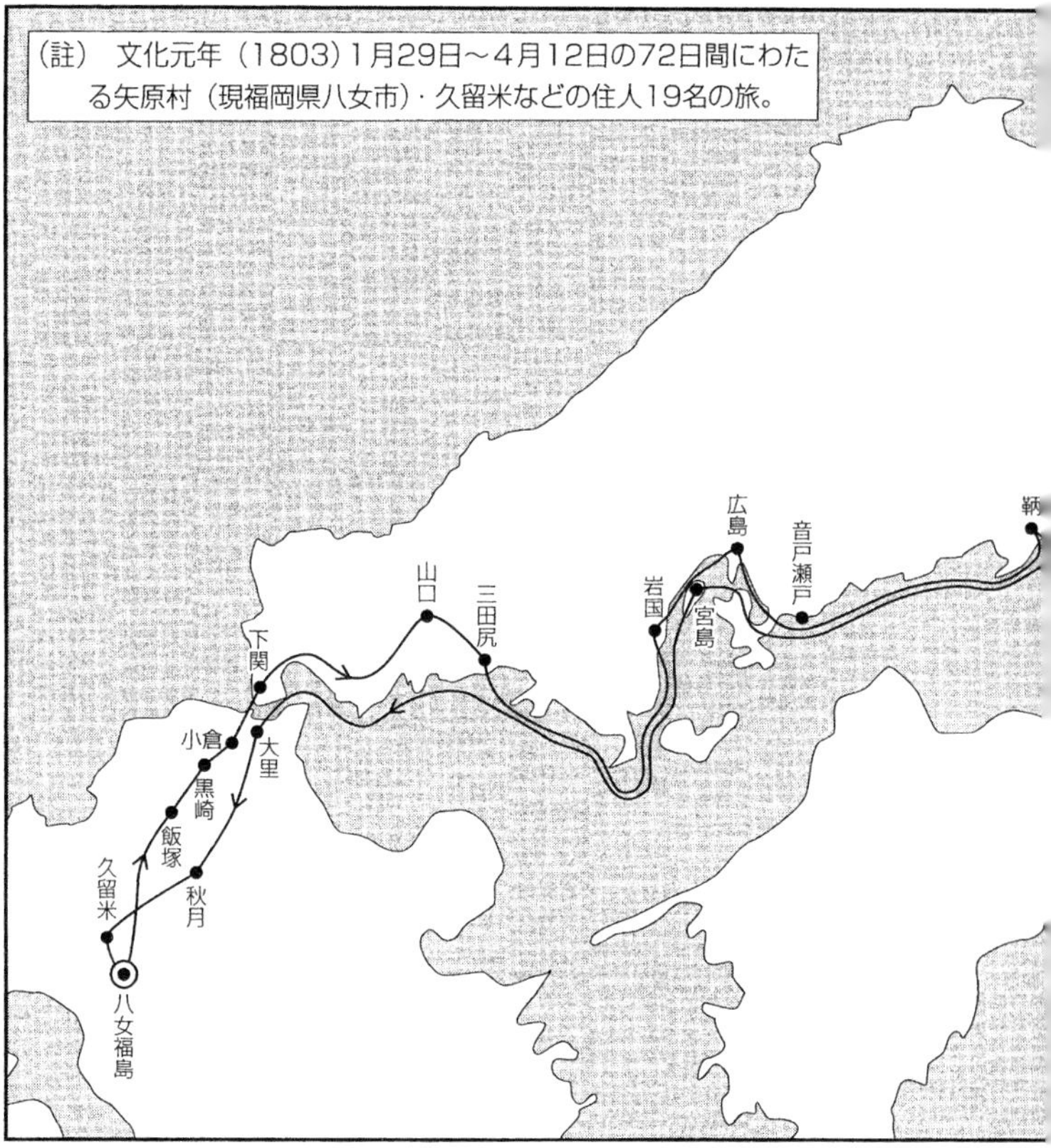

図４　九州巡礼型伊勢参りのモデルルート

用することが多いが、こちらも岩国の錦帯橋（現山口県）、厳島（現広島県）、金毘羅（現香川県）、書写山（現兵庫県）などに立ち寄る旅であった。つまりただ目の前の道をだらだら行って帰っているのではなく、時折道から離れては有名な寺社に詣でるというものであった。こうした立ち寄りをする場合、同じ道で東海道や中山道に戻るのではない。必ず道を折れた場所よりもずっと先の場所で合流できるように、非常に合理的に旅が練られていた。

つまり、近世の旅というのは、同じルートを辿ることがほとんどなかった。そのため、三二ページ以降の図3・4のとおり、結果的に大きく弧を描くようなルートになっていた。西洋の巡礼は、聖地へ行くこと自体に意味が置かれているのに対して、日本の場合は聖地（ここでは伊勢神宮）へ行くことだけでなくて、普段住んでいる土地から離れ、戻ってくるまでの間すべてが聖的な空間であり、時間であると考えられている。つまり、道中にも大きな意義を見出しているわけである。ここに日本の大きな特徴がある。巡礼と言えば、日本には西国巡礼や坂東巡礼、そして四国遍路など全国に無数の巡礼がある。それぞれ宗教的な意義や縁起が説かれているけれども、やはり道中に重きを置いていることには変わりないと筆者は考えている。とくに庶民の旅にはそれが顕著である。

旅と聖性

こうした道中を重視するのは、伊勢参りの際に諸国の有名寺社を一挙にめぐろうとする意識と、もう一つが旅が物見遊山化していくなかで、適宜寺社への参詣を果たすことで、可能な限り聖性を保とうとする努力ゆえである。この二つのバランスのなかで江戸時代の旅は成り立っていた。少しかみ砕いて言えば、本人たちはさまざまな寺社をめぐろうとして直線的な参詣をしているつもりが、結果的には地図上に弧を描いているのである。しかしながら、基本的には聖なる旅であったことはきちんと踏まえておかなければならない。二、三ヵ月にも及ぶ遠距離の旅は決死の旅なのである。

江戸時代中期以降の旅は、全体的には聖的な時間と空間に身をゆだねながら、そのなかにおいて、聖性を感じる部分（寺社参詣）と俗性を感じる部分（物見遊山）が絶えず交互に繰り返される旅であった。このようにして気持ちを高め、身体を浄め、ハイライトである伊勢神宮を迎えるのである。江戸からでも約五〇〇キロ近くもある道のりを、三十日近くかけて到着した時の感動はいかばかりだったろうか。

荷物回送・預サービス

ルートという点で言うと、一つ面白い事実がある。荷物回送と荷物預という習慣である。天明元年（一七八一）五月に常陸国那珂郡下小瀬村（現茨城県常陸大宮市）の岡崎藤七が西国巡礼にでかけ、途中相模国大山に登拝した際の記事を次ぎに掲げたい（『西国道中記』）。

　此所（子安）小笠原右膳に泊り、百文づゝ、指置申候。荷物はたわら（田原）まで、弐百廿四文、六人前相廻し、夫より、大山不どう様へまいり申候。道々、参り所多……

　大山の門前町には、現在の伊勢原市にある大山町と、秦野市にある蓑毛村の二つがあった。大山御師が集住する大山町のさらに下に子安村という場所があり、ここでも大山参詣者を相手に宿泊業をしている者たちがいた。

　この子安村と蓑毛村（田原村というのはおそらく間違いである）の間には荷物を回送するサービスが存在した。参詣者は子安の宿に荷物を預け、大山参詣後に蓑毛村に下山すると、そこに預けた荷物が届いているというわけである。このサービスは、御師のなかでも最も格式の高く規模の大きい宿坊がある大山町に対抗するため、生き残り戦略として、規模では大山町に劣る蓑毛村と子安村の間ではじまったものであろう。

　このサービスは客にとっても好都合であった。なぜなら、登山には不要な荷物を持って行かずに済み、また登山口とは違う場所へ下りられることで近道することが可能となるからである。大山に行くだけが目的であれば必要ないが、近世の大山参詣者はたいてい富士、江ノ島・鎌倉、坂東巡礼を兼ねており、伊勢参宮者の途中に参詣する場合もあった。そのため、このようなサービスの需要は相当数あったものと考えられる。

ほかの史料で見ていくことにしよう。天保三年（一八三二）十月十七日に大山を訪れた武蔵国六所宮（現東京都府中市大国魂神社）の神主猿渡盛章は、

> ミの毛（蓑毛）ハ永録（禄）の分限帳にミえたる地名なり。けふも未（午後二時頃）過るころなれハ、こゝにてしばしやすらひ物くひなどす。さてあるじにはかりて籠などのらうがはしきものハ人して子易の町へ送り置て雨降山へ登りゆく（中略、この間大山参詣の記録）しばしにして子易の町に至る（中略）さて彼蓑毛より人して籠など送りたりしやどりハ此子易ノ明神の前にて、こゝにむかひの人を出してまち居たり

と記している（『なまよみの日記』『猿渡盛章紀行文集』）。子安の宿では、おそらく目印となりやすい子易明神まで迎えを出している。これは大山町では行っていないことで、このあたりからも子安の必死さが伝わってくる。では、荷物を偽って持ち去った人などいなかったのだろうか、ということが素朴な疑問として出てくる。宿にとっては客の顔は初めて見るからである。ところが、それについてもきちんとした方法が取られていた。天保九年（一八三八）六月九日に大山を訪れた甲斐国府中近在の住人が次のように書き留めている

（『富士大山道中雑記附江之嶋鎌倉』）。

　蓑毛大山の麓登山口の一口也。御師坊中これあり。此所永楽やと申茶屋にて昼食、荷物は表口子安宿酒家大津屋権十郎へ人足を以相廻す、永楽やより押切印の切手受取、追て着の上送り切手と引合せ、荷物大津やより受取候事

「押切印の切手」であるから、紙などに印を押し、印の真ん中で半分に分け、半分を客が所持して登山し、半分を荷物につけて送り、下山したらその二つを合わせて合致すれば荷物を引き渡すというものである。

　こうした方法は決して珍しいものではない。押し切り印を半分に裁つやり方は日本史上さまざまな場面で使われてきたものであるが、ここではこの事実によって旅人がいかに身軽に安全に移動できたかということだけを押さえておきたい。

　また、このサービスはここ相模大山だけでなく、三河国鳳来寺山（現愛知県新城市）や常陸国筑波山（現茨城県つくば市）などいくつかの山岳信仰で行われていたことが分かっている。そして、それは単なる客の利便性を考えて、というような生半可な理屈ではない。山岳宗教集落としては本来同じ場所に下山してくれた方が儲かるはずである。客も同じ宿に荷物を預けて登下山した方がずっと安心感がある。

加熱するサービス競争

では、何故こうしたサービスが存在するかというと、山内での熾烈な参詣客獲得競争が背景にある。大山の場合「大山町（御師）対蓑毛村（御師）・子安村（旅籠）」という対立構造である。山頂までの登山が許される夏季祭礼時の参詣者は、どこかの御師の檀家であることが多く、不文律で必ずその御師宅で宿泊するか昼食を取ることになっていたため、あまり争論にはならない。大山は夏季祭礼以外でも中腹の大山寺本堂までは登れたため、伊勢参りの者や坂東巡礼者・富士登山など多くの参詣者がいる。問題はこうした参詣者である。彼らには特定の御師がいないため、結果的に大山町と子安村で客を取り合う構図となる。また、そもそも大山町と蓑毛村との間には登山口同士の争いがある。こうした争いのなかで利害が一致した蓑毛村と子安村によって荷物回送サービスは生まれたのである。伊勢をめざす参詣者や富士登山から廻ってきた参詣者にとってみれば、別の登山口に下山できるわけだから非常に都合が良い。場所によっては登山口同士でこうしたサービスをしている場所もある。これは山同士の客獲得競争のなかで山全体の利益を考えた結果であり、客のニーズに応えた方が宗教集落同士共存できると考えたのだろう。この場合は、より成熟した社会であると言える。

こうしたサービスは決して山だけではない。旅籠屋も同業者同士の戦争のなかで、あの

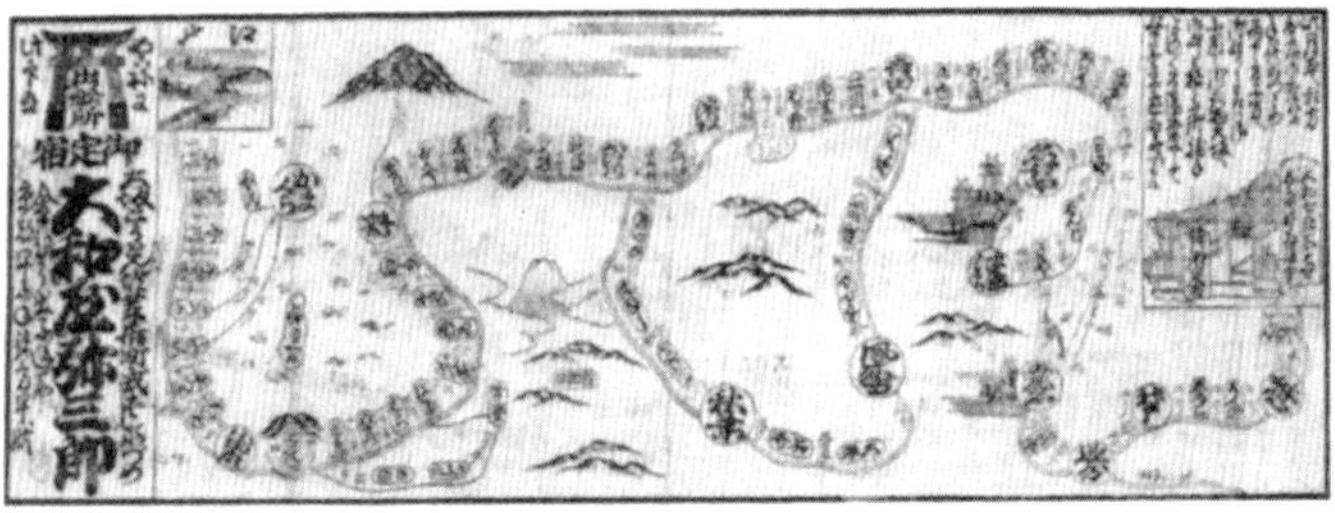

図5　大和屋の引札

図6　伊勢街道道標・常夜燈が残る月本追分（松阪市）

手この手で客を惹き付けようとしていた。大坂道頓堀芝居町、つまり現在ではグリコの看板で有名な戎橋近くにあった旅籠大和屋弥三郎は、伊勢街道と奈良街道の追分である月本に支店を出していた。大和屋の引札（広告チラシ）には、

　此月本に私方出店御座候て、手代相つとめ居申し候間、上方へ御廻りの節は御不用の御荷物大坂へ御廻遊ばされ候て御勝手よろしく、間違は決して御座なく、早速御届け申すべく候

とあって、これから伊勢参詣する旅人が大和屋に荷物を預けると、彼らが伊勢参りののち、奈良や高野山、あるいは熊野などをめぐって大坂の大和屋本店に到着すると、そこに荷物が届いているというサービスがあったことが分かる。東国から来る伊勢参詣者が必ず畿内をめぐって大坂へ立ち寄る習慣を逆手に取った商売である。この商売はこれで終わらない。

大和屋は京への川舟や、金毘羅渡海船の船宿も経営していた。一般的に大坂にある金毘羅渡海の船宿は、四国の丸亀などの旅籠屋などと提携していることが多かった。さらに四国の旅籠屋は、対岸の播磨国の各港（例えば高砂など）の旅籠屋ともつながっていた（田中智彦『聖地を巡る人と道』）。したがって、伊勢参りのために月本に立ち寄り、大和屋に荷物を預けた時点で、大坂の宿や、金毘羅への船、四国での宿、播磨での宿などが必然的に

決まってしまっていたということである。

ここで一つ面白い話がある。伊勢街道から奈良に抜けるには、主に三つの街道があった。まず、最も南にあり熊野へ行く道と分岐する田丸から興津(おきつ)・榛原(はいばら)で初瀬街道と合流して三輪神社近くに出る伊勢本街道があり、最短距離ではあるが辛い山越えが続く道だった。次に最も北に位置し、先の月本追分から伊賀国上野城下を通り、笠置から奈良北部に入る伊賀街道（伊賀越え奈良道）である。もう一つが、月本より半里ほど南にあった六軒という宿場から、名張を通って榛原で伊勢本街道に合流する初瀬街道（阿保(あお)越え・青山越え）である。図7は、この六軒にあった江戸屋清五郎の引札（大和めぐり順案内の図）である。伊勢から奈良への二つのルートが確認できるだろう。この右端の文章は次のとおりである。

六軒此所にいかごへ（伊賀越え）道中筋より宿引(やどひき)多く出、京都大坂御定宿の手代など、いつわりいがごへを相すゝめ候者まゝ御座候、何事も御取上ケなくあをこへ御こし成られ候ハヾ道中の御都合に相成候

六軒に、京や大坂の旅籠の手代と偽って宿引きをして伊賀越えをすすめる者たちが来ているので、これを相手せず青越えすれば都合が良いですよ、と謳っている。安政二年（一八五五）三月、母を伴って故郷の出羽(でわ)国清川村（現山形県東田川郡庄内町）から伊勢参りに

図7　江戸屋の引札（郵政資料館所蔵）

旅立った幕末の志士清河八郎は、「伊勢より大和に越る道三筋あり。田丸、六軒、月本なり。中にも月本別して心安く、殊に奈良にいづるに近ければ、我等其路を取り……」と月本について記している（『西遊草』）。月本では大和屋のようにしっかりとした業者もいたわけであるから、これは明らかに月本を「偽者」呼ばわりしておとしめる策略である。一方で、六軒に月本の者たちが出向いているわけであるから、月本側も露骨な客引きをしていたことがうかがわれる。つまり月本と六軒の伊勢参宮者をめぐる争いの構図が見て取れる。歩いても二〇分程度の距離であるから当然の結果だろう。

ルート計画の多様化

いずれにしろ、こうした事実は単に荷物回送サービスが存在していたということだけにとどまらない。旅人はこのサービスによってより効率的なルートを計画することが可能となる。ルートが一筆書きできそうな楕円形の弧を描くようなルートを江戸時代の旅人が取ることができた一因がここにある。このサービスは現代の車の回送サービスにも繋がっている。例えば、現在、立山黒部アルペンルートには富山県側と長野県側の二つのアクセス方法があるが、自家用車で行った際には、どこかで諦めて来た道を戻らなければならない。しかし、この地には車の配送サービスがあり、長野県側からアルペンルートに入り、富山県側に下って車を受け取ることが可能である。先述の大和屋弥三郎の事例のとおり、サービスが広域に及べば、旅のあり方そのものが一変するほどの影響力を持つものである。

そうなると、ルート計画の主体がどこにあるかという問題が浮上してくる。結論から言えば複合的要因がある。モデルルートが存在したと言っても、ミクロに見ればルートは多種多様である。そこにはやはり江戸時代の民衆の自律性を認めざるを得ない。

そして多くの寺社へ参拝しようとする意識と、しかし聖なる旅であろうとする意識がその基盤にある。だが一方で、マクロで大方似たようなルートを辿ったのは、参詣講(さんけいこう)の習慣だからとか、村の先人の道中日記に書いてあるルートをなぞっているから、という消極的な要因もある。先に述べたように、「旅への不安」が大きな要因である。

また大和屋弥三郎のような宿屋や、案内人などの存在も見逃せない。次の史料は、陸奥国伊達郡大石村（現福島県伊達市）の史料である（福島県歴史資料館所蔵『大橋家文書』）

大和廻り案内の事

一法花寺・西大寺・菅原天神・（唐）招提寺・西ノ京・郡山・法隆寺・龍田明神・達磨寺・染井寺・糸掛桜・当麻寺（たいまでら）・橘寺・岡寺・飛鳥明神・飛鳥大仏・安倍文殊・三輪明神・初瀬寺（長谷寺）・多武峯（とうのみね）・吉野山・蔵王権現・吉水院（よしみず）・勝手明神・高野山・和泉堺・妙国寺・妙国寺蘇鉄・難波屋松・住吉明神・天王寺・生玉明神

右の通り大坂まで御供仕候、尤も（もっと）日雇代弐貫四百文相定め申候内爰元（ここもと）にて六百文借用申候処実正也、残りは道中入用次第御渡しくださるべく候、若此（もし）表道中にて取逃欠落（かけおち）など致候はば我等罷出（まかりい）で急度埒（きっとらち）明け申すべく候、後日のため仍（よ）って一札件の如し

キリトリ

天保十二丑（一八四二）七月十九日　　南都宿大仏前　豆腐屋（　　）

日雇金蔵

奥州伊達郡御客様

この史料は、伊達郡からおそらくは伊勢参宮に出かけたのち、奈良を廻ろうとした際の証文である。奈良の案内稼ぎは江戸時代非常に有名で、奈良案内ののち吉野・高野山をめ

ぐりつつ大坂まで案内することが定番であった。この史料に描かれたルートも順序が若干不合理なところもあるが、東大寺周辺から斑鳩（いかるが）・当麻寺・飛鳥・長谷寺・多武峰と廻って行くのはルート的にも定番である。この史料は、このルートを日雇金蔵にきちんと案内させることの証文である。もし途中で金蔵が逃げたりしたら豆腐屋が対応する旨のことが後半に記されている。なお、豆腐屋の下が切り取られているため、金蔵が大坂までしっかり送り届けたということがここから分かる。

これを道中日記の記述から見てみたい。ここで使用するのは、天保六年（一八三五）の武蔵国等々力（とどろき）村（現東京都世田谷区）豊田家の伊勢参宮の事例である（『伊勢道中記史料』）。大方と違わずさまざまに立ち寄りつつ伊勢参宮を済ませたのち、名張・長谷寺から奈良へ入り、さらに吉野・高野山に至った。高野山ではいったん宿坊の桜池院に寄ったあと、奥院のほか諸大名の墓などをめぐって同院に戻り、先祖供養の月牌（がっぱい）金を納めた。

翌朝二月七日に高野山を出ると、大坂へ向かい、八日には到着した。住吉大社・四天王寺へ参詣したあと、奈良から雇って連れていた案内者を返している。実は奈良に入った二日目の二月三日の朝、猿沢池あたりから案内を頼んでおり、奈良内・吉野・高野山とずっと連れ歩いていた。これは先の豆腐屋と同業者である。その金額は一貫五〇〇文であった。

だいぶ豆腐屋の事例とは金額の開きがあるが、これはおそらくは人数の違いによるものであろう。

案内稼ぎ

ところで翌九日には再び案内者を雇い、大坂市内を参詣見物して廻っている。案内稼ぎは道中日記などを見れば、全国的に見られるものである。その形態も、①一つの寺社内のみのものと、②一つの都市や古都（鎌倉・奈良など）を対象とするもの、③広域なもの、におおよそ分類できる。

ところで現在でもバスツアーだと、旅行会社が提携する土産物屋やレストランに客を案内するということがあるが、江戸時代にも同様な商法があった。例えば、鎌倉では、鶴岡八幡宮（つるがおかはちまんぐう）の門前町雪の下村に神職家を中心とした旅宿が建ち並んでいた。一方、鎌倉の西には坂東順礼四番札所長谷寺があり、近くの高徳院（鎌倉大仏）を含めたあたりが、一つの町を形成していた。この長谷村には、案内稼ぎを営む人々がいて、長谷寺周辺から鶴岡八幡宮周辺まで行く人々を雪の下村の旅籠屋に斡旋して、マージンを取っていた。そこまでは良いのだが、この案内稼ぎたちが、斡旋に際して徐々に法外な値段を要求するようになり、十九世紀にたびたび訴訟が起きている。

こうした各地の案内稼ぎに関する史料や大和屋弥三郎の事例から分かるように、宿泊業や案内稼ぎなど観光業側の働きかけによっておおまかなコースが決められてしまっていたという実態がある。このように、決して無限に自由なかたちで旅が成立していたわけではない。さまざまな近世的規定があり、その大枠が決められていた。

しかし、民衆は決して無作為に受動的に旅を行っていたわけでもない。観光業側のサービスや道中日記・参詣講などによって大枠は決められていたとしても、すべて同じルートを通る人などいない。ある寺社を廻るのか否かといったいくつかの選択において、必ず彼らの意志が発揮された痕跡が残されており、それを見過ごすことはできない。筆者はこれを社会的規定のなかで発揮された最大限の自由意志であったと捉えたい。こうした少しばかりの脱線を許容したものは、御師をはじめとするさまざまな旅のサービス業が各地に勃興しており、ある程度安心して荷物を預けること、案内を任せることが可能であったからにほかならない。

参拝の実態

伊勢参拝の日程

江戸時代の旅は寺社への参拝や名所の遊覧がその主な目的である。その一方で、完全に自由に旅の計画を立てられるものでもないことは、ここまでで十分にお分かりいただけたことと思う。それは旅のクライマックスである伊勢神宮への参拝も同じであった。

ここで先ほどの等々力(とどろき)村の豊田家の道中日記に登場してもらおう。この旅は天保六年(一八三五)正月十日朝六ツ半(おおよそ午前七時頃)に村を出立して、神奈川宿より東海道に出ると、久能山(くのうざん)・秋葉山・鳳来寺(ほうらいじ)・豊川稲荷に参詣して御油(ごゆ)宿から東海道に戻った。そこから再び東海道をはずれると、名古屋から甚目寺(じもくじ)・津島牛頭天王社(ごずてんのうしゃ)に立ち寄り、同月

図8　歌川広重「伊勢参宮宮川の渡し」(神奈川県立歴史博物館所蔵)

図9　宮川桜の渡し（伊勢市）

二十一日に佐屋に泊まった。

翌日、佐屋を出て、四十六人乗りの船で桑名に上陸すると、堺屋三右衛門にて昼食を取り、ここから伊勢御師（おんし）龍太夫へ飛脚（ひきゃく）を出した。飛脚には銭を使わす必要はないと言っているので、おそらくは伊勢御師持ちなのだろう。どこの御師でもこのようなシステムを取っていたかは今のところ不明だが、ずいぶんと早く連絡している。翌日桑名を出ると、二十二日は神戸（かんべ）へ泊まり、二十三日は白子（しろこ）観音に参詣後、松坂の米屋に宿泊した。そうすると、知らせに呼応した龍太夫の手代が樽二つ・鯔（ぼら）二本・海老五本を持って宿へ酒迎（さかむかえ）に訪れた。いずれも伊勢志摩地方の主産品であり、旧暦一月と言えば鯔がちょうど油が乗って身がしまっている頃である。この手代はただ土産を持参しただけでなく、「金高之掛合等被致（いたされ）」とあるから、これから伊勢で宿泊する際の値段の交渉をあらかじめしたのだろう。あるいは、伊勢での祈禱・宿泊以外にどのようなオプションをつけるか話し合ったのかもしれない。いずれにしろ手代はこの交渉を終えると山田へ帰っていった。

翌日二十四日には、宮川（みやがわ）に到着した。宮川は三都のいずれから来ようと必ず渡る、いわば伊勢神宮への玄関口である。ここには茶屋が立ち並び、御師の出迎え看板が参詣客を待ちかまえていた。もちろん彼らも龍太夫の手代中村四郎兵衛に迎えられた。彼はふだんは

図10　二見浦夫婦岩（伊勢市）

龍太夫の代わりに世田谷周辺の村々を廻っている者であって、参詣してきた等々力村の人間とは深いつながりを持っていた。四郎兵衛は、煮染（にしめ）・結飯（むすび）・御酒を持参しており、一服後、用意された駕籠にのって二見浦（ふたみがうら）にでかけた。この二見浦の茶屋で軽く食事を取り、再び駕籠にのって龍太夫宅まで行った。龍太夫宅で豊富な海産物で彩られた食事を取ってこの日はここで泊まった。

二十五日は宮回りにでかけ、外宮から天岩戸（あまのいわと）・内宮へ参り、それから駕籠で朝熊岳（あさま）の虚空蔵菩薩へ参詣、その帰路に麓の茶屋で夕飯を済ませ、龍太夫宅へ戻った。伊勢では、外宮と内宮・朝熊岳はいわば三点セットのような参詣場所であった。

二十六日は太太神楽（だいだいかぐら）があり、二十七日は夜に中村四郎兵衛宅に呼ばれ夕食を振る舞われた。建前は伊勢御師龍太夫の檀家であり師檀（しだん）関係が取り結ばれているが、実際に世田谷の等々力村へ訪れるのは中村四郎兵衛であり、参宮時には彼が出迎えている。そのため、実質的には中村四郎兵衛と師檀関係を結んでいるようなものである。そのため出発する前日には、こうして中村家に呼ばれ夕食をともにしているのである。

二十八日は、朝食後、龍太夫が挨拶に来て講金請取書（領収書）を渡された。こちらからは金二分を渡して一万度御祓（いちまんどおはらい）を荷造りして江戸へ送ってもらうよう頼んでいる。その後、四郎兵衛によって中河原茶屋まで駕籠で送られ、そこで餅菓子を三つずつと酒肴を振る舞われたあと、宮川を渡った。四郎兵衛は渡り終えるまで見送っていた。

義務化する旅

これがこの旅の伊勢参宮の実態である。道中日記の記述からここまで再現できるわけだが、「伊勢参り」と言っても内宮（ないくう）・外宮（げくう）に詣でるだけではない。見ようによってはほぼ毎年のように村を直接訪れる手代と会うために伊勢まで出向いているようでもある。それは特定の御師や手代と確固たる師檀関係を作りあげていたからにほかならない。

つまり、聖性（信仰心）と俗性（物見遊山）の両要素のほかに、村落共同体や御師との関係性のなかで、なかば「義務」としての寺社参詣が成り立っている側面もあったということである。誰でも最初は自発的にある集団（サークルなど）へ参加したにもかかわらず、徐々に参加することに義務感を覚えるという経験があるだろう。信仰にも「自発」から「義務」へという普遍的な要素があるのである。

しかし、忘れてはならないのは、遠く離れた場所に知っている人がいて案内をしてくれることの安心感は相当なものであったということである。道中日記のなかに、手代の四郎兵衛が、一行が宮川を渡り終えるまでずっと見送っていたと記されているが、こうした記述からも両者の名残惜しさというものがにじみ出ていて興味深い。

旅の食事

何を食べていたか

次に旅人が食していたものに注目していきたい。明治四年（一八七二）十一月に陸奥国塩野村（現山形県米沢市）などから十名で伊勢参宮をした道中日記（『置賜の民俗』一五）によると、伊勢御師中川安太夫において、十二月二十八日の夕食は、

本膳

皿　大根　　汁

なた豆

れんこん

壺　にんじん　飯
　いも
　姥欠
　しみこん
　　二ノ膳
大皿　さば　吸物　水婦
　　　　　　　玉婦
　　　　　　　な
ちょこ　大根

であった。日本料理の本流と言える本膳料理である。本膳料理は本来主従関係のなかで表現される料理だったが、次第にその意味が失われ、実用的に簡素化していった。そのなかで定番となったのが、「二一の膳付き」である（熊倉功夫『日本料理の歴史』）。伊勢御師から出されたのはまさしくこの「二一の膳付き」であった。翌朝の食事は、

皿　こだい　汁
　壱つ

小皿　大根づけ
平　かれい　　飯
　ふのり

で、飯・汁に三つの皿である。それぞれ鯛と鰈（かれい）・布海苔、大根の漬け物であった。夕食にも鯖（さば）が出ているので、やはり海に近い伊勢らしいもてなしと言える。翌々日もやはり「二の膳付き」で、なますや鯖・鯉などが振る舞われ、その翌朝食も鯖・鎌倉海老（伊勢海老）・昆布などであった。伊勢海老は旬が十月から四月、鯖は腐りやすい魚の代名詞で十月後半から十二月が旬である。彼らが伊勢に宿泊した明治四年はまだ旧暦である。最初に宿泊した十二月二十九日は新暦では二月七日であるから、伊勢海老は旬、鯖は秋が最良であるが、三月ぐらいまでは脂がぬけて締まっているため、この時期はまだ旬である。ただしメ（しめ）鯖であるか否かは史料からは判断できない。

いずれにせよ、先の龍太夫の鯔（ぼら）といい、伊勢海老といい、旬の海産物を豊富に出している点は共通している。この道中日記では、続いて高野山の宿坊（しゅくぼう）での食事も記している。年明けて正月九日に高野山の金剛院に宿泊した夜には、

本膳

猪口　ス大根　汁
平　豆腐　飯
　のり
　二ノ膳
木皿　牛蒡（ごぼう）
　人参
　なづけ　吸物
大皿　こんぶ
　くるみ
　人参　御酒沢山
　ゆづ
　牛蒡

とあって、今度も「二の膳付き」には変わりがないが、精進料理（しょうじんりょうり）であることもあり、野菜・穀類中心で畑のものがふんだんに使われている。翌朝も

皿　こしこぶ　中皿　海ひじき

大豆

平　いも　こんぶ

大根　人参　　御酒沢山

しみとうふ

と、同様である。「しみとうふ」とは高野豆腐であろうが、夕飯では「豆腐」とあるので、こちらはごま豆腐であろう。いずれも重要な肉食がないなかでは貴重なたんぱく源であった。

また、海産物は当然のことながら昆布やひじきなど干された加工品のみである。さらに冬期であるから山のものも少なく、畑で栽培されたものが中心であるため、伊勢御師の食事からすれば見劣りするが、それでも牛蒡や柚子(ゆず)など旬のものが使われている。

伊勢御師と高野山の宿坊で提供された食事を記してきたが、この道中日記において食事が記されているのはこの二ヵ所だけである。しかし、これはこの道中日記だけの特徴ではない。そのほかの道中日記でもこの二ヵ所だけ食事を記している例はいくつもある。それはなぜかと言えば、やはりこの二ヵ所が特別だからである。すでに述べたように、伊勢御師と特別な師檀関係を取り結んでいるのと同様に、高野山は先祖供養の山として同様な関係を結んでいる場合が多く、宿泊する宿坊もあらかじめ決まっていた。つまり伊勢参宮とは、伊勢御師と高野の宿坊の二ヵ所へ訪れることが主眼であったと見ることができる。そのため二ヵ所の料理も略式とは言え、特別なもてなし料理であり、旅全体のなかでも特筆すべき料理であったことは否めないだろう。道中日記には最低限の情報しか記されないため、ここに献立まで載せられていることの意義は非常に大きい。

豪華な料理を楽しむ

また、単純に出された料理が豪華であったと感じる人が多かったのも事実である。文久二年（一八六二）正月十日に出羽国肝煎村（現山形県東田川郡庄内町）の森居権左衛門らが伊勢参りに出立した（『御伊勢参宮道中日記』『立川町史資料五伊勢参宮道中記』）。庄内地方であるから海辺だと思われがちだが、肝煎村は鶴岡から東へ山一つ超えたところにある村で、羽黒山近くにある。そのため全く海辺ではない。この権左衛門らは新潟・松本を経て中山道から上京し、二月五日に伊勢御師三日市太夫家に到着した。この三日市太夫家で出された食事について、

色々沢山ニ肴珍物ニて夜飯給申候、御寿酒肴大浜焼鮑ビ酢貝ニミカン都合三品也
御吸物被下候

と、珍しい物が並んでいる様子を記している。またよほど珍しかったのか、出立前夜の直

会(らい)での料理を図示している。この図によれば、本膳・二ノ膳・三ノ膳・向詰と並び、鯵(あじ)や鮑(あわび)などが出されている。二月初旬だから現在なら三月初旬である。鯵は回遊のものではなく地付きのものであろうが、まだ旬ではない。しかし圧巻は酒の肴である。引き肴として鯛の浜焼き、二の肴として海老の船盛りである。この海老が車海老なのか、伊勢海老なのか判断しがたいが、鯛にしろ鯵にしろ鮑にしろあまり旬ではない。三日市太夫家では、昼食の弁当を重箱にして十一品もの料理を詰めたり、酒の肴を豪華にしたり、四膳もの夕食を出したりと、旬の物よりサービスと料理の品数などで勝負しているという風である。こうして見ると、伊勢御師ごとに違いを出すために料理の出し方を工夫している跡がうかがわれる。

旬であるか否かは別にして、こうした料理は地方から訪れた人々にとってまぶしいものに映ったことは多くの道中日記が物語っている。この権左衛門にしても、当時は新鮮な魚介類を食す機会は少なかったであろう。例えば、出羽国米沢藩領では入ってくる魚と言えば、いわゆる「五十集(いさば)もの」であった。鯡(にしん)・棒鱈(ぼうだら)などの乾魚や、すじこなどの塩蔵品、それから鯖や鰹のなまり(なまり節)や焼き鰈といった半加工品がそれである(『米沢市史』民俗編)。つまり生鮮の海魚を食べる機会はこうした旅しかなかった。漁村に近くでもないかぎり、よほど鮮度の良い魚を食べることはめったにないことであるから、大半の伊勢参詣者にとって御師宅で振る舞われる料理はきわめて珍しいものであった。

米沢では今でも刺身は美味しくないと言われる。しかし、交通機関や流通機構が発達し、冷凍技術も進んだ現在では、日本海からも太平洋側からも二時間もあれば来られるわけだから、決してそんなことはない。だが、江戸時代までに培われた固定観念が簡単には覆らないことをこの事実が物語っている。それくらい海から離れた地域では鮮魚に対する憧れがあった裏返しでもある。

江ノ島の名物料理

こうした視点で見ていくと、そのほかにも同じような場所が見出せる。例えば、金華山(きんか)や江ノ島である。万延元年(一八六〇)七月六日に陸奥国石川郡坂路村(さかじ)(現福島県石川郡石川町)を出立した神官坂路河内頭ら二名の旅は、残念ながら高野山に行ってはいないが、往路は東海道で、伊勢参りののち奈良・京・大坂と廻って帰路は中山道(なかせんどう)を使っている(『石川町史』下)。この道中日記では、ところどころに名物を書き留めてはいるが、出された料理に対して感想を述べたのは江ノ島と伊勢だけである。伊勢ではほかの多くの道中日記と同じように、二の膳付きの料理について述べている。江ノ島の料理についても、「二の膳付相応之御馳走出る」と記している。

では、江ノ島で具体的にどのような料理が出されていたのか。文化六年（一八〇九）四月十五日に江ノ島を訪れた扇雀亭陶枝という人物は、翌日の昼食から書き留めている（『鎌倉日記』）。

昼のしたく、いなだ煮付、汁赤ゑび、ふき、香物ならづけ、飯、中酒

夜本膳、皿盛ぶりさしみ、からしみそ、汁竹輪、とうふ、椎たけ、坪ゑび、くり、きくらげ、香物、めし

二膳、蚫(あわび)貝煮、平いなだ切ミ、丸麩、長いも、椎たけ、ふき、汁うしほすゞき

焼物鯵(あじ)塩焼、中酒、後に亦(また)酒出、取肴かまぼこ、車海老、寄くわい、しいたけ、千巻牛蒡

朝の膳、茶碗たこ、ふき、薄葛引、香物、汁さいの目、とうふ、引て、長皿大いなだ煮付、坪ひじき、

　めし、平ぶり切ミ、竹のこ、焼麩

昼は、平いせゑび、つる菜、猪口煮豆、飯

こちらは四月十六日だから、新暦なら五月二十八日頃である。鯵は旬、鱸(すずき)、車海老はそろそろ旬である。いなだ（ブリの若魚）・鰤(ぶり)・蛸(たこ)・伊勢海老は旬ではないが、島らしい料理が並んでいる。伊勢参りの場合、冬期のため魚介類以外の食物は限られるが、江ノ島の場

合、春から夏にかけてが参詣時期であるため食材の幅が広い。筍・木耳・蕗などの旬の食材も使われている。

江ノ島への紀行文の書き手は江戸の住人が多いため、決して海産物には飢えていたわけではないが、やはり旅の目的地であるという点、ハレの日でしか味わえない豪華な本膳料理を楽しめる点の両者において、格別なものであったのだろう。

ちなみに江ノ島で一泊いくらぐらいであったかというと、天保九年（一八三八）の『富士大山道中雑記』（金沢文庫所蔵）の事例では、「旅籠料酒肴等にて壱両壱分余　但五人分」とあり、天保期だと一両＝六貫文くらいなので、五人で銭七五〇〇文程度となり、一人一五〇〇文である。江戸時代の貨幣の価値は、経済の仕組みも物の価値観もまるで違うので、現代と比較することは大変難しいが、仮に一文＝三〇円とすれば、一人一泊四万五〇〇〇円である。かなりの出費である。

安政五年（一八五八）の『江之嶋鎌倉金沢江之旅行日記』（金沢文庫所蔵）だと、同じく五人で「昼めし泊り旅籠代酒肴とも」で二分二朱と三五六文だから、一人八二一文であり、同じ計算で二万四六三〇円である。宿のランクの違いか、こちらは少し安いが、これでも高価である。

嘉永四年（一八五一）の『江の嶋鎌倉金沢旅行日記留』（金沢文庫所蔵）では、戸塚宿尾張屋半兵衛に三人で宿泊して九〇〇文で、うち旅籠代が七五〇文（一人二五〇文）、酒四合で一五〇文（一人五〇文）である。同じ計算で一人九〇〇〇円である。旅籠代だけなら、七五〇〇円である。これは江戸時代における主要街道の旅籠代としては標準的なものである。

したがって、江ノ島の事例は、昼食代と夜の肴代が余計にかかったとしてもかなり高額であったことが分かる。参詣者にとっては一生に何度も訪れるような場所ではなく、それだけの旅費を支払ってでも行くべき所であるからこそ、その目的地での料理に期待し、迎え入れる側もそれに応えるべく本膳料理を出し、さらに酒肴にも凝っており、書き手はこれを書き留めたのである。むろん、道中日記は後世の人に読ませる目的もあるから、値段を知らしめる目的もあったのであろう。

山岳信仰——大衆化のなかの聖性

旅と信仰心

ここまでは伊勢参りなど平地の参詣を扱ってきたが、山岳信仰の場合かなり事情が異なってくる。なぜなら、より宗教本来の姿をとどめている側面があるからである。江戸時代の旅について書かれた書籍は多いが、その多くは大衆化し、物見遊山（ものみゆさん）化していく姿のみを描くものが多い。全体としてこうした俗化していく歴史的な流れは否定はしない。しかし一方で、依然として信仰心の強い参詣も存在した。

すでに述べたように、伊勢参りなどの旅でさえも再び故郷の地を踏めるか分からない決死の旅である。山岳信仰の場合、より修行性が強く、滑落死の危険とも隣り合わせである。そのために若者組（近代に入って青年会・青年団）への加入の条件として、つまり通過儀礼として山岳へ登ることを課す風習も全国的に見られた。いわゆるイニシエーションは死ぬ可能性があることに意味がある。死なないまでも、いったん死んだことにして、そして再生させ、それまでの子供の自分とはまったく別の人間に生まれ変わらせる。

このように成年式には死と再生の構造が織り込まれている（ヘネップ『通過儀礼』）。台湾のアタヤル族のように敵の首を取ってこさせるものはまさしくそうである。ほかにもバヌアツのバンジージャンプや、パプアニューギニアのサオス族による全身に切り傷を入れてワニに見立てる「血の成年式」も然りである。二〇〇〇メートルを超える東北の山では、夏でも雪が残り、月山では夏スキーができる。つまり夏山であっても決して馬鹿にはできない。

飯豊山めぐり

次の史料は、深田久弥の『日本百名山』にも選ばれ、現在、原始的な風景の残る山として登山客に人気のある飯豊山（いいでさん）（主峰の飯豊本山は二一〇五メートル）に関する史料である。これは飯豊連峰の麓にある旧山都（やまと）町（現福島県喜多方市）にあった寺内村に残る宝永六年（一七〇九）の史料であり（「山三郷諸人足組切並仕分相定帳」『真部喜義家文書』）、これには、

飯豊山、村より乾方（北西）百弐拾里にあり。麓より頂まで九拾里、五社権現の社有り。頂は大日岳。此処四時雪有り、六月朔日氷を上る。八月の節に至り別当登山。

其より参詣の輩例あるも、参詣の節は風雨度々に及び、諸作に障これある由申し伝え候。依って八月の節より已然は別当登山つかまつらず候（傍線筆者）

とあって、飯豊山は万年雪であり、六月朔日（現在の暦で七月初旬）には残雪が固まって氷を登るようなものである。山頂にある飯豊神社を司る下荒井村蓮花寺（現福島県会津若松市）の別当は八月（九月初旬）になって登るが、それでも風雨のある時はいろいろな障害がでる。だから別当は八月以前には登らない、というのが大意である。山のことに詳しい別当でさえ、山を甘く見てはいなかったことを示す史料である。

では、夏であってもいかに風雨と寒さが参詣者にとって厳しいものであったのか。次の史料は天保九年（一八三八）七月二十三日に飯豊山山頂に近づいた米沢藩士の紀行文である（『飯豊の山ふみ』）。この紀行文の作者は藩士三名と山麓の者二名で登山をしており、ようやく山頂に近づいたところで疲れ切ってしまった。そこで山頂まで行こうとする四名を見送ったのが、次の場面である。

四人の登るを見れは、大風吹来る時は、巌ほの陰に身をひそめつゝ、ゆくさま、おのかくるしさを打忘て、あはれになん見居たる。しかしゝて人も見えすなりぬれば、心細さいはんかたなし。御沢を打立し頃迄は、暑にたへす、汗おし拭ひたりしか、今はしはす（師走）はかりの寒さとなりて、身うち冷透り、はた（肌）へいらゝきたへかたかりけり（中略）身につけたるものゝぬれざるはなく、寒さ骨に透り、手こゝえ足なへ、くるしさたとへんかたなし

作者が飯豊連峰の稜線を辿ったのが七月二十三日であるから、新暦では九月十一日頃である。当然、平地ではまだ汗を拭うような暑さである。しかし、この日、山頂近くでは風雨にさらされた。そのため師走かと思うような寒さで、体が冷えきって肌が痛い。身につけているものは全て濡れ、寒さが身にしみて、手がこごえ、足はなえて、くるしさは例えようがない、と述べている。飯豊連峰は、現在の山形・福島・新潟の三県にまたがる山である。新潟側には日本海まで飯豊連峰に匹敵するような高山がなく、日本海からの風をまともに受けるため、非常に風が強いことで有名な山である。当然、天候が悪ければ、あっという間に体力を消耗し、低体温症になりかねない。こうしたことは近年のトムラウシ山（北海道、二一四一メートル）での遭難事故（二〇〇九年七月十六日）を見ても明らかである。

こうした山の神秘性、そして脅威ゆえに、山岳参詣は死ぬ可能性がある決死の旅であり続けた。ここに旅の大衆化が進むなかにあって、信仰を保ち続けた一つの要因がある。人間は自分たちの知力で理解できないものを恐れる一方で、また、それに対して崇高な

図11　弥彦山（新潟県西蒲原郡弥彦村・長岡市）

気持ちを抱く。ここに宗教や信仰が生まれる。人は、生きること、死ぬこと、病・貧困などで苦しむと、宗教に解決を求めるのである。その一つが山岳信仰である。

多くの山岳信仰は狩猟の獲物を育む山、そして、農作物を恵む山としての信仰が基盤にある。あるいは山や森林を死者の行き先と考え、祖霊が集うという「山中他界観」も存在した。ここに決定的な影響を与えていたのは山容にほかならない。まだ近代知が入り込む以前は、山は農業でも漁業でも一つの目印であった。山頂が雲に隠れれば雨が降るといった民俗伝承は全国各地で残されている。おそらく農家に生まれた人であれば、誰でも耳にすることである。

あるいは海上にあっては、高山が航海の目印となった。このことは、例えば新潟県の中越地方における弥彦山や、関東地方北東部における筑波山などを思い浮かべれば納得のいくことと思う。現在、新潟市や長岡市付近を車で走行中に迷った場合、弥彦山を見ればだいたい自分の立ち位置や向かっている方向が分かるというものである。

山岳信仰と修験道

山岳信仰は山に宗教的な意味を与えるものであるから、山には神霊が住まうと考え、そこで宗教的な儀礼を行ったり、厳しい修行を経て人智を超えたパワーを身につけようとする人々が現れることは必然的な流れであった。つまり修験道である。中世前期には全国各地の霊山において修験者が存在しており、元来素朴な山岳信仰が徐々に体系化していった。山によっては一大勢力をなし、中世末期からの戦乱に参加していったところもあった。

近世に入ると、修験者は天台宗（本山派）か真言宗（当山派）に所属させられ、幕府に統制されるようになった。一方で寺社参詣の大衆化の波に山岳信仰も呑み込まれていった。しかし、素朴な山岳信仰が近世において一掃されてしまったかと言えば、決してそうではない。むろん物見遊山としての山の側面が増幅してくるのは間違いないが、やはり信仰の山なのである。

図12　葛飾北斎「諸国滝廻り
相州大山ろうべんの滝」
（神奈川県立歴史博物館所蔵）

図13　羽黒山須賀の滝と祓川（鶴岡市）

例えば、相模大山ではその信仰圏のなかにあっては、依然として農業の神として信仰されていた。相模国・武蔵国の西部であれば、伊勢講などと同じように参詣講を形成していて定期的に参詣をしていた。もちろん、こうした講は参加することに意義があるというような社会的機能を持っているとともに、当然のことながら物見遊山的要素も出てくるだろう。ところが、いったん日照りが続くと、周辺の村々で話し合い、代表者を山へ送り、雨乞いの祈禱を受け、神酒や札をもらい受けてきた。山岳信仰は伊勢参りなどの平地の参詣と多くの部分で重なるが、やはり本来の山岳信仰のあり方を考えると、こうした違う要素も確実に見出せるのである。

また、参詣の際には川や滝で垢離を取ったり、家族とは別に食事をしたりと精進潔斎が行われていた。白装束を身にまとい、山を登っていくという行為自体には、やはり聖性が維持されていたと言えるだろう。否、こうした儀礼や習俗を守ることが大衆化の時代にあって聖性を守り抜く唯一の手段だった。その背景には、いざという時にすがるべき存在であり続けたからにほかならない。

女人禁制

山岳信仰の場合、もう一つ重要なことがある。それは参詣時期と女性の登山が制限されていることである。とくに後者はいわゆる女人禁制と言われ、その多くが近代に入りその禁が解かれるまで厳しく守られた。高野山であれば各登山口に女人堂が設けられていた。このうちの一つは現存している。もうあと一歩で宿坊街という場所である。山岳信仰の場合でもその例に漏れず、富士山であれば八合目、相模大山であれば中腹の不動堂までといったように女性の登拝が禁じられていた。大峰山系では今現在でも女人禁制が守られている。この女人禁制は、従来、血への穢れ観と女性蔑視、仏教における戒律のために女性を遠ざけたとする説などがあった（鈴木正崇『女人禁制』）。また、参詣時期が限られていることについては、聖性の維持という側面も強調されてきた。確かに説得力がある。

しかし、二、三〇〇〇メートルを超える山であればどうか。すでに述べたように、万年雪が残るところも少なくなく、八月でもアイゼンとピッケルが必要な場合もある。しかも、夏であっても天候次第で霧で視界が失われ、雨で体が冷え、風で吹き飛ばされることもある。まして冬に登ることはまさしく自殺行為である。あるいは女性が立ち入ることを禁じられていた場所は、鎖場や急登が続く厳しいところであることも少なくない。したがって、一見すると全く違う理由から成立していると思われる女人禁制と参詣時期の制限は、本来は身を守るための手段だったのではないだろうか。遮るもののない独立した高山にあっては、これらは危険な場所から女性を遠ざけ、危険な時期から皆を遠ざける、という素朴な民俗だった。

文人層の旅

文人層の旅の特性

旅と文化

文人層の旅は多種多様である。和歌修養の旅であったり、各地の史跡を訪ね歩く旅であったり、参勤交代や公用・商用の旅のついでであったりする。それだけ各自主体的に旅を計画していたということである。

主体的であるから、その行動パターンはとてもめちゃくちゃなものとなる。だが、そのめちゃくちゃさが逆に文人層の特性と言える。名所と旅という話をすると、どうしても広めようとする人と、それに釣られる人という構図を考えがちであるが、彼らは、そういうこととは無縁であった。

本来、文人とは俗世から離れて隠遁（いんとん）生活を送り、文学的営為に身を投じている人々のことを言う。だが、文化を創り出したのは彼らだけではない。俗世で何らかの生業で生活し、その一方で文学作品を生みだしていった人たちもたくさんいた。近世の文人には、武家であったり商人であったり、村落に生きていた人々もいた。つまり、「文化」という物の前には人間は平等である。身分差も関係ない。ただし、現代社会では学力の差が親の年収に比例するということが話題になっているが、もちろん近世でも同じで、生業や身分に基づく生活レベルの差によって、当然知識に階層差を生んだであろうが……。

「文化」は人類の後天的な営みが全て含まれるが、それが本当の意味で「文化」になれるか否かは、その社会や個人がその「文化」に深い意味を見出せるかどうかにかかっている。つまり、そこに文化的価値を認められる人にとっては、だれにでも門戸が開かれているのだ。

江戸時代で言えば、その代表格が「旅」であろう。どこに旅をするかは、若干の社会的規制と経済的余裕という条件をクリアさえすれば、誰にでも自由である。換言すれば、日本列島の各所に身分差や社会的格差を解消するような場が生み出されていたことになる。これにより日本国内が文化的に均質化されていくことになるであろう。均質化と言っても、中央から地方へ文化が伝播するという固定的な図式だけでない。机上の学問に陥りがちな中央の知識人にとっても、旅は恰好のフィールドワークの機会であった。それぞれの地域については誰よりもその地域の人の方が詳しいわけで、旅を通じて学ぶことは多かった。また、地域の側から発信される文化も存在した（杉仁『近世の在村文化と書物出版』）。

紀行文の世界

こうした具体相を明らかにしていくのに最適な史料は、江戸時代の紀行文である。ここではその文学史上の価値を云々しようというのではない。あくまでもそこからどのような文人の実像や思想が導き出せるかである。この紀行文のうち最も多く残っているのが鎌倉を題材としたものである。鎌倉の魅力は何と言っても過去へ思いを馳せるところである。十返舎一九の『滑稽江之嶋家土産』（文化六年〈一八〇九〉）によれば、

> 鎌足の玄孫、染屋太郎太夫時忠、居住せしより以来、累代武将相伝の在地として、往時麗異勝景の旧趾、今詣人の眼を驚し、松風蘿月の、感情をおこさしむること、往時大厦高楼のありけん程を、想像するの余りなり、予再三此地に周遊して、概はしるといへども、その所くの来由縁伝等、かばかりの戯述に録すこと（後略）

とある。松風蘿月とは一般的に手つかずの自然を愛でる気持ちだが、ここでは、中国と北朝鮮の国境に位置する長白山（白頭山）に伝わる悲恋の伝説にある蘿月の墓の前で涙ぐむ

松風の気持ちを込めているのか、文字どおり松の間から吹き抜けてくる風と、つたかずらから洩れる月光のように、往時の鎌倉の姿が眼に浮かぶという意味であるか定かでない。しかし、すでに建物が失われていても、当時立派な建物があった様子を空想し、感慨にひたることこそが鎌倉をめぐる旅の醍醐味である。

したがって、鎌倉時代の歴史に詳しければ詳しいほど鎌倉は楽しみが増す名所である。京の医者で紀行作家の橘南谿（たちばななんけい）が『東遊記』（天明四年〈一七八四〉）に、

　鎌倉は、東武通行の人の見る所にして、珍らしからねど、又したしく其地に臨めば、昔の俤（おもかげ）、山川別しては神社仏閣に残りて、懐古の情にたへず（傍線筆者）

と述べるように、決して珍しいところではないが、訪れれば訪れるほど味わい深いところとなるのである。知識人には、何度もこの地を訪れている人が珍しくない。これは一九が「予再三此地に周遊して、概はしるといへども」と著すとおりである。

こうした人々が江戸時代に急に生まれたのかというと、決してそうではない。すでに中世にも現代の義務教育で習うような著名な紀行文が存在している。そして、その本質は同じようなものである。すなわち過去と現代の比較である。文献などを読みあさり、高度な歴史の知識を持っている文人にとって、過去の書物に記されている記述と、目の前にある

実際の風景と、どこがどのように違うのかを考えることは必然の行為である。あるいはその場所で行われたであろう事件や行事に思いを馳せ、過去の紀行文と同じ行為をして同じ境地に立とうとするのである。このような「ずれ」と「共感」を楽しむことが一種の旅の目的であったのである。とりわけ「ずれ」への指向というのは、世の中の変化を捉えようということであるから、広く歴史観が熟成してきていたと言える。

江戸時代の教養人が、歴史に関してどのような書物を読んでいたかと言えば、十代のうちに『吾妻鏡』と『太平記』を読んでいることが多い。ただし、これらがカバーする年代は決して広くない。『吾妻鏡』は治承四年（一一八〇）から、文永三年（一二六六）まで約九十年弱の鎌倉幕府の事績を記録した歴史書である。『太平記』は文保二年（一三一八）の後醍醐天皇の即位から、鎌倉幕府の滅亡、建武の新政と南北朝の分裂、観応の擾乱を経て、貞治六年（一三六七）の二代将軍足利義詮の死去とその直前の細川頼之の管領就任までの約五十年間を扱っている。この二つの書物の前後や間を埋めるものとして、『平家物語』や『源平盛衰記』『梅松論』『鎌倉九代記』といったさまざまな書物を借りたり購入したりして読んでいる。

このような書物で知識を得ていた人々にとって、鎌倉はたまらないほど刺激的な場所であったに違いない。

後世の旅人の名所案内として書かれた紀行文『桜のかざし』（遠山伯龍、寛政十二年〈一八〇〇〉）に、

其外名所旧跡神社仏閣多し、委敷事は鎌倉志（『新編鎌倉志』）名所図会（『東海道名所図会』）を見べし、予が此書は眼にふれ是を歩せし所のみ記せし故洩たる所殆多し、鎌くらを巨細にさぐらんと思ふには日数十日の余もかゝるべし

とか、橘南谿の『東遊記』に、

其外神社仏閣甚多く、古跡旧跡種々の名ある所ひしと並べり。あげしるすにいとまあらず。余も二三日も四五日も逗留して、所々を廻り、寺社の旧記などをも一見せば、面白きことも多かるべきに、只戸塚より入り来りて、其日鎌倉を草々に一見し、直に江島へ出ぬれば、何のいとまもなく、見残して過ぬ。残り多し

と、彼の無念さが伝わる文章があることから、いかに見応えのある場所であったかが知られる。膨大な歴史的知識がある人には、いくらでも自分なりの名所を見つけ出すことができたのである。ここにまた文人層の旅の本質がある。名所案内記の類や案内稼ぎなどに左右されることなく、自分の見たいところを見て廻っている。彼らの行動を分析すると、ほ

とんど抽象化することができない。それくらい十人十色なのである。しかも数日鎌倉内に滞在している。

これに対し、庶民の旅ではだいたい六ヵ所に限られる。六ヵ所とは円覚寺・建長寺・鶴岡八幡宮・高徳院（大仏）・長谷寺・極楽寺である。この六ヵ所なら、無駄に歩くことなく効率的に見て廻ることができ、およそ半日もあれば十分である。これらは今の修学旅行の訪問先とそう変わらない。このルートから外れた東側にも浄土宗の関東十八檀林（じゅうはちだんりん）の筆頭光明寺ほか、見応えのある寺社は揃っている。ところが、庶民の旅の動向によって西側にある特定の寺社が「名所」として一つランクアップを果たしたことは間違いない。これが現在の観光地としてのあり方を規定しているのは実に興味深い。

フィールドワークとしての旅

さて、文人層にとって史跡を訪れることは感慨に耽ることだけではなかった。何にも代え難いフィールドワークの場でもあった。江戸時代には、十八世紀終わり頃から国学と考証学が盛んとなった。一次史料つまり本物の史料を実際に見て使って歴史的事件が正しいかどうか判断する。あるいは実際にその場に行って歴史書に書いてあることが本当かどうか確かめるというようなことが行われるようになった。

次の自住軒という人は十七世紀の人物だが、すでにこのような検証を行っている。例えば、法華堂では三浦泰村（みうらやすむら）一族が源頼朝一族の墓前で自害したとする『吾妻鏡（あずまかがみ）』の記述の真偽を確かめようとしている。

　東鏡（あずまかがみ）をみれば三浦泰村一族を引つれ頼朝の影前にて二百八十人ならびて生害せしといふ法花堂はここ也。昔を聞て今所をおもひあはせて実否をこころむべし

とフィールドワークを行っている。また、鎌倉大仏では『太平記』の記述に疑問を呈している。

　太平記中前代蜂起（中先代の乱）の時に相模次郎（北条時行）が兵五百余人大風吹て此堂に宿せしに、堂の虹梁（こうりよう）折れて残らず死せりとあるはおぼつかなし。五百人いるべき程みえず。此大仏に付ても東鏡は実にて、太平記には文のかざりおほしとあるは思合侍（おもいあわせはべ）りぬ

として、とても五百人も入れるようには見えないとして『太平記』の記述は疑わしいとしている。『太平記』は虚飾が多いが、『吾妻鏡』は信憑性が高いと評価している点もなかなか興味深いところである。鎌倉は史料批判とフィールドワークの地でもあったのである。

地誌の役割

このような書物を読んでいた文人たちであるが、そのなかで地誌というものはどのような役割を果たしたのであろうか。

『桜のかざし』

早稲田大学図書館に所蔵されている『桜のかざし』（遠山伯龍、寛政十二年〈一八〇〇〉）という紀行文がある。この紀行文の冒頭に次のようにある。

それ鎌倉紀行の事は鎌倉志及び名所図絵に大に備りぬれば今はた（他）書著さんも片腹痛き事になん侍れと予が足を歩し眼にふれ耳に聞入れこゝろに観ぜし事ども手に書留置てかさねてかしこへ遊覧し給ふ人々の道の枝折（しおり）にもなれかしと短く拙き（つたなき）毫（ふで）をもて長く賢き両書のうちより抜萃しておこがましくも桜のかざしと号（なつ）けしるし置も予が

軽く山水を愛するの癖ならむかし

作者遠山伯龍は、鎌倉への紀行については『新編鎌倉志』と『東海道名所図会』にたくさん書いてあり、今さら私が書くのも片腹痛いことだが、自分で歩き見聞し感じたことを書き留め、これから鎌倉へ遊覧しようとする人の案内とするために書いたとしている。そして、この紀行文は『新編鎌倉志』と『東海道名所図会』から抜粋したものだとも書いている。

当然のように武士である彼も幼少時から『太平記』や『吾妻鏡』を読破してきたはずである。私たちが歴史小説や時代劇で、まずは歴史の知識を蓄えるのと同じことである。しかし、こうした知識だけでは旅をする場合欠点がある。それはそれまで築いてきた歴史の知識はあくまでも歴史の大きな流れであるということである。そのため鎌倉のように名高い寺社や旧跡が所狭しとひしめく場所では、それぞれの名所ごとに自分の培った知識を頭のなかのあちらこちらから引っぱり出してこなくてはならない。

このような時に便利なのが地誌である。なぜなら地誌は各寺社ごとに由緒や縁起、関連する事件などが、適宜歴史書などを引用してまとめられているからである。この『桜のかざし』でも、文中のところどころに『吾妻鏡』や『太平記』が引用されている。しかし、記述の大方を『新編鎌倉志』と『東海道名所図会』に依拠しているのは、名所ごとにまとめられた記述が非常に便利であったからにほかならない。

より深い楽しみを

鎌倉はおおよそ江戸時代を通じて、地元で「鎌倉絵図」や『鎌倉名所記』といった出版物を刊行していた。だが、こうしたものは、豊富な知識を蓄えた知識人にとっては、旅における便宜的なものでしかなかった。このことは、幕末、長岡藩家老として官軍と戦い散った河井継之助（かわいつぐのすけ）の『塵壺』に、

鎌倉は聞しに勝る旧跡、感ずるに余りあり。案内を頼み、大概を尽す。八幡前にて略図を求む。追て鎌倉志を読み、楽しむべし

とあることで言い尽くされているだろう。「鎌倉で案内人を雇い大概を見尽くし、鶴岡八幡宮門前で鎌倉絵図を購入した。だがあとで『新編鎌倉志』を読んで楽しもう」ということである。やはり知識人にとって、案内人の説明と絵図だけでは物足りないのだ。

ここでもう一つ注目すべきは、帰ったあとに地誌を読んで楽しもうと言っていることである。地誌は旅に持ち歩くには大部すぎて不便であることが多い。例えば、『新編鎌倉志』は縦二七・四×横一八・〇センチであるから、今のB5判より少し縦に長いくらいで、これが十二冊（八巻）であったから、やはり携帯には不向きである。そのため、事前によく読んで

予習するか、帰宅後復習して楽しむしかない。和歌山藩家老三浦家の儒者石橋生庵は、元禄六年（一六九三）一月二十一日から二十六日まで鎌倉参詣をした。その旅の前十二月二十日に『新編鎌倉志』を貸本屋より借用し、江戸へ戻ったあと二月二日に返却している。つまり、予習・復習に使っていたのであろうと思われる。また、とうとう購入していないことにも注目すべきである。江戸時代書物は割と高価で、本屋と言えば貸本屋が主流であった（長友千代治『近世貸本屋の研究』）。生庵はこの旅の八年前にも一度『新編鎌倉志』を借りていて、都合二回借用している。しかし、結局買わなかったのであるから、便宜的な

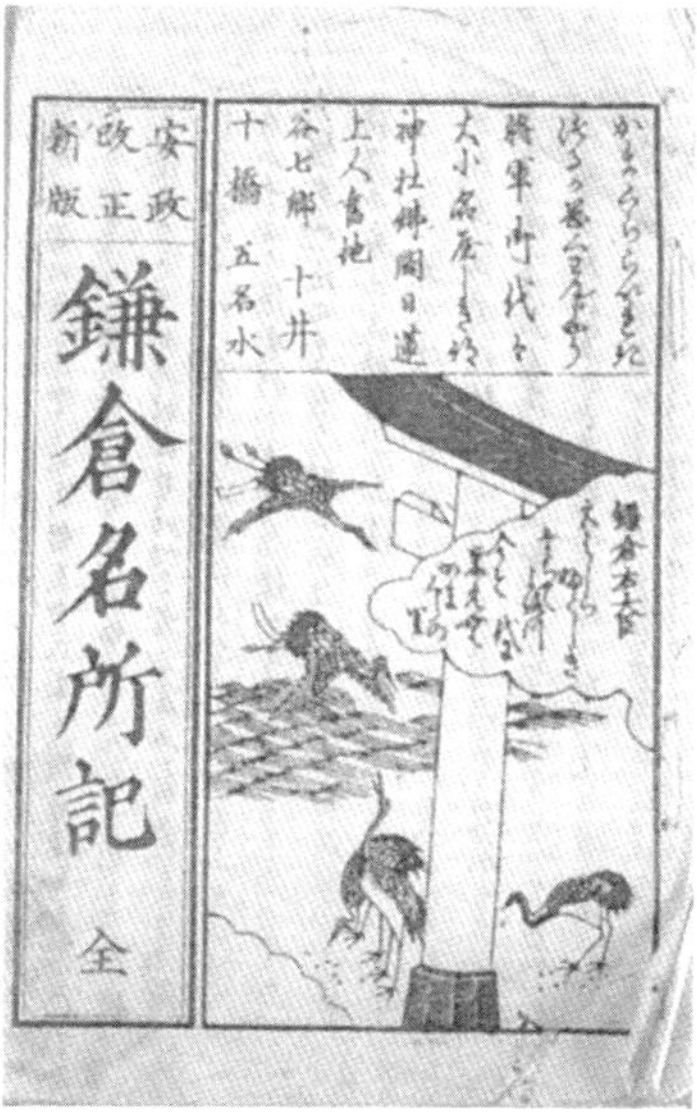

図14　『鎌倉名所記』

ものとしての役割しかなかったのだろう。

近代的な眼――人に厳しい文人層

旅と知的好奇心

稲村ヶ崎には、鎌倉絵図を講釈しながら売っている有名な茶屋があった。『桜のかざし』（遠山伯龍、寛政十二年〈一八〇〇〉）では、

> 稲村が崎の海辺へ出る所に二軒茶屋と唱ふ茶店あり、此所（ここ）に憩ひしに茶屋のあるじ碇屋関六といふもの元弘三年（一三三三）五月廿三日の古戦物語りいだし聞る、こゝより鎌くらへ入るものゝ案内をも業とす

この人は寛容と見えてただ事実のみを記している。これはガイドブックとして書いているという意識があるためだろう。彼はこう書いたあと、江ノ島へ行き再び鎌倉へ戻ってきた際、この碇屋関六に案内を頼んでいる。この関六に連れられて訪れた極楽寺の場面が次

のところである。

此所の北の方小山の上に大造成五輪の石塔あり、誰人の墓なるやしるものなし、たゞ一代の墓と唱ふよし、疑らくは頼朝卿の墓はこれなるべしと案内のもの語りたり、頼朝卿の墓と云は頼朝第趾の北の山際法華堂の上にあるよし、予いまだ見ず、島津右（忠）久の墓も同所にあるよし

つまり、極楽寺の北の小山にある五輪塔を関六が源頼朝の墓だと案内しているわけである。これは当時の知識人にとっては驚きの説明であっただろう。事実かどうかは別として、薩摩藩が整備して以来、頼朝の館跡の北の法華堂の上にある墓が頼朝の墓と薩摩藩の藩祖島津忠久の墓であると広く認識されるようになった。そのため、突然ずいぶんと離れた極楽寺近くの石塔を頼朝墓であるとする案内を聞いた時の心境は推して量るべくもない。遠山伯龍という人は別に怒るわけでもなく、痛烈に批判するわけでもない。できた人である。しかし、他の紀行文ではこてんぱんに貶されている。

文化六年（一八〇九）の扇雀亭陶枝の『鎌倉日記』では、

いなむらの崎の茶屋に休、ばゞが茶屋といふ由、ここにて鎌倉の絵図をひさぐ、家とじ我は顔に（得意顔で）古都の講談す、其いへるところ古歌などのかなちがひ、と

> なへ違の詞のはし、はらをか丶へる事になん

と講釈のなかに出てくる和歌の間違いに腹を抱えている。また、江戸の寺子屋師匠であった加藤曳尾庵（かとうえいびあん）は、文化四年三月十六日に鎌倉を訪れ、

> 江の島より鎌倉迄四十二丁の浜より取付、稲村ヶ崎、こ丶に案内の者有り。四軒の百姓かわる〴〵つとむ。必（かならず）案内頼むべからず。愚智無智の百姓にて、杜撰（ずさん）なることのみ物語也

と、案内稼ぎをする百姓たちは無知で愚かで杜撰であるので、絶対に案内を頼んではいけないと切り捨てた。こうした諸々の記述をつきあわせると、先述の碇屋関六のように、鎌倉の歴史を講釈しながら絵図を売り、鎌倉内の案内稼ぎをも兼ねている茶屋があったことが分かる。また、文化期には彼らは茶屋経営を専業としているわけではなく、農間の余業として四軒交替でこれを行っていた。曳尾庵が訪れたのが三月であるから、富士や相模大山参詣の導者がなだれ込む夏季だけ営業しているわけでもないようで通年と考えられる。

この加藤曳尾庵は各所に批判的で、藤沢の清浄光寺（しょうじょうこうじ）（遊行寺（ゆぎょうじ））では、

> 藤沢の遊行寺にて、小栗判官木像、照手姫の霊宝等を拝す。皆偽物にして抱腹す

という調子で、多くの芸能で取り上げられる小栗判官と照手姫の伝説ゆかりの地として知

られていた遊行寺の寺宝を偽物と断じている。その他の場所でも俗的な知や古い慣習に厳しく、きわめて近代的・合理的な考えを見せる人は多い。

もともと江戸で町医者をしていた上総国和田村（現千葉県山武市）の村医師は、富士山へ登山すると、何かに付けお金を取ろうとする富士山側の態度に筆で怒りを爆発させている。

> スバシリ（登山口の一つ）より惣して様々の事いふて銭貪る事甚し（中略）一合メにて手水を売る者いふは、此所にて手水をして峰へ向拝すれば、登る間御山にて大小便しても、浅間の御ゆるしのあるよしといふ。皆人手水遣ふ。我云うやうは、我は御身達よりは心清し。何ぞ其水遣ふに及はん、といふて登る

ここで手水をして峰へ向けて拝めば、登山中に大小便をしても浅間大菩薩の許しがあると言って手水を売ろうとする者に対して、「あなたたちより心が清いので、どうしてその水を買う必要があるだろうか」と言い放っている。

富士山登山の件りは全編このような調子で批判の嵐である。頂上でも、

> 四ツの頃（午前十時頃）漸頂上に登る。頂上への登り始にも柵を結い、入り口に人居て手水を売る。参始めの薬師とてあり。我にも拝めといへと、素此山に来りしは

日本無双の名山なれば見に来りし計にて、浅間へ詣む深願もなければ、答ていわく、我は浅間様計志し参たり。薬師は信仰にもなし、といふて行過く。凡此の如き所袖を引、銭を貪る所甚多し

とあるように、浅間様だけを志してきたのだから薬師を拝む必要はないと、「参始めの薬師」を通り過ぎている。しかも富士山へは比類なき名山だから見に来たのだとまで記している。これはとても近代的で合理的な考えである。

彼らの場合、それが和歌修養の道であれ、歴史的考証のためであれ、知的好奇心に端を発していることが多い。稀に山岳登山をする者もいるが、本来、信仰のためや共同体維持のためではない。したがって次のようなケースが生まれる。

飯豊山に登る

天保九年（一八三八）七月二十二日に現在の福島県・山形県・新潟県の三県にまたがる飯豊山に登山した米沢藩士の『飯豊の山ふみ』という紀行文がある。この登山は四日間のもので、飯豊山には山形県側から登っている。飯豊山は深田久弥の『日本百名山』にも選ばれた山で、現在は登山愛好家の間でも体力を消耗するものの原始的な魅力のある山として親しまれている。京都大学で霊長類研究の流れをつくった人類学者であり、日本山岳会の会長もつとめるなど登山家としても知られた今西錦

司は、その著書『飯豊連峰山と花』のなかで、「飯豊はとてつもなく大きな山である。日本でいちばん大きな山であるかもしれない」と述べているように、稜線がきわめて長く、かつ日本海からの風をまともに受けるためとてつもない強風が吹くという点において特異な山である（晴れていれば新潟市や弥彦山からよく見渡せる）。太平洋戦争以前は山岳信仰の山として知られ、十三歳になった若者の通過儀礼として登山がなされていた。

このような山に武士が登ったらどうなるか。恰好の素材がこの紀行文である。この武士はこのとき六十石取りで和歌に秀でていた。この時には友人の武士が二人同行していて、彼らもまた下級武士である。

二日目に登山にかかり、滑落の危険がある難所も越え、山頂までもう少しというところまで辿り着いた。しかし、この日は雨や雹が降り、風も強く、ここまでで疲れ切っていた作者は、登頂を目前にして諦めてしまった。この登山では麓の案内人が二人ついていたが、彼らを含む四人は仕方なく作者をおいて山頂を目指した。その場面が次のようなものである。

　我この時、身つかれて息もつきあへす。あえきあえきいふやう、そも此山にのほりたるは、神をかまんとのわさならず、越のうなはらふりさけ見て、歌よまんとこそおもひこしか、けふは八重の雲きりうちおほひて、峯までのほるともやくなきなり。君たちは登り神をかみ給へ、われは此所にありて侍べし、といふも息たゆけ也

そもそも山に登ったのは、頂に登って海原のような山々を眺めて和歌を詠むことだったので、この日のような悪天候では頂上に登ったところで無益だ、と言っている。この文章が、『古今和歌集』収載の有名な阿部仲麻呂（あべのなかまろ）の歌「天の原ふりさけ見れば春日なる三笠の山に出でし月かも」に依拠したものであることは言うまでもない。和歌に精通した作者ならではある。この点においては伝統的な和歌修養の旅である。しかし、信仰や民俗を自分なりの理屈で解釈したうえでその取捨を選択する姿勢というのは、やはり近代的な眼があらわれていると言えよう。

武家の聖地鎌倉

武士のアイデンティティ

文人層の紀行文の一つの特徴は、冷静な分析や考証が見られる一方で、ややオーバーな感情表現が見受けられることである。文学的営為のためここぞという場面で漢文体調のおおげさな表現になりがちである。橘南谿は、紫陽花寺で有名な鎌倉の明月院近くの北条時頼の墓の前でひれ伏して涙している。あるいは延宝八年（一六八〇）の自住軒一器子は、源頼朝の墓が寂れていることにはかなさを感じている。

しかし、確かに大げさであるとしても、そうした表現を使用することで何らかの感情や思いを伝えようとしていることも事実である。では、どうして目に涙を浮かべるところまでの感情表現（文学的表現のため嘘だとしても）が見られるのは何故なのだろうか。そのことは、同時に鎌倉が多くの文人層を集めた背景として、別の理由が浮かんでくる。それは鎌倉が武士たちのアイデンティティとも言える場所であったからである。当然のことながら、徳川家は代々征夷大将軍を拝命しており、源氏の末裔とされていることが一つの権威ともなっている。それはつまり徳川家にとって鎌倉が祖先のゆかりの地であることを示している。したがって、鎌倉は徳川家の権威を高めるために打ってつけの場所でもあった。そのため幕府は鎌倉内にある寺社の造営修復に積極的であった。

これは祖先を鎌倉の有力な御家人に持つ大名家にとっても同じである。そこかしこに祖先にまつわる遺跡が残っているのである。鎌倉は武家にとって自分の根元を辿る聖地であった。

ここでは二つの事例を見ておきたい。

水戸黄門の鎌倉参詣

水戸黄門と言えば徳川光圀が思い浮かぶ。この呼び名は当時は目上の人の諱を呼ぶことが憚れており、水戸家ではおおむね権中納言を授かっていたことから、その中国での呼び方である黄門と俗称されていたことにはじまる。そのため光圀だけが黄門ではないが、近代において水戸学の影響が大きかったこともあり、講談の人気演目となり、さらには映画やテレビドラマにあって時代劇の筆頭格とも言える地位を築いたことから、光圀＝水戸黄門というイメージが定着している。

彼は『大日本史』という歴史書を編纂することを志して、各地に家臣を派遣し史料蒐集につとめた。そのなかに当然として鎌倉があった。そして、鎌倉は光圀が直接関わった場所ともなった。延宝二年（一六七四）四月二十二日に水戸を発ち、上総（かずさ）国を経て、五月二日に金沢へ海を渡った。その後、金沢を巡覧したのち、英勝寺に入ったのは戌（いぬ）の刻（午後八時頃）に近い時間だった。英勝寺は水戸家と深いつながりのある寺で、水戸徳川家の娘が代々住持（じゅうじ）をつとめていた。当時光圀は四十六歳で、母親違いの妹玉峯清因が住持であった。

光圀はこの英勝寺に宿泊しながら七日間鎌倉中を調査した。身の回りの世話は江戸から来た近侍の者がつとめた。彼はすでに藩主を継ぐ四年前の明暦三年（一六五七）から『大日本史』の編纂に着手していた。この『大日本史』のための史料調査と地元の伝承を拾い上げることがこの旅の目的であった。この旅はのちに『甲寅日記』と『鎌倉日記』としてまとめられている。

この時点では、あくまでも『大日本史』編纂のための一作業としてしか考えていなかっただろう。しかし、やはり鎌倉は光圀にとっても特別であった。鎌倉を対象とした地誌を編纂することとなり、『新編鎌倉志』という地誌が編纂された。この過程を『新編鎌倉志』の序文から見てみよう。

『新編鎌倉志』の編纂に関わったのは河井恒久・松村清之・力石忠一らである。光圀の鎌倉歴覧から二年後の延宝四年に河井恒久を鎌倉に遣わして古寺社の由来沿革を調査させた。この時、松村清之が病による静養のために英勝寺に在住していて鎌倉の地理に明るかったために、河井は松村に補正をさせた。しかし、『新編鎌倉志』の完成を見ず河井はこの世を去り、これを受け継いだのが力石忠一である。時に貞享二年（一六八五）であった。光圀の鎌倉行きから十四年かかったことになる。

この本の第一の特徴は、参考文献がきちんと明示されていることである。目次の前に百十九もの参考文献が並んでいる。しかし実際は百十九部ではない。というのも、そのなかに「鶴岡神主家伝文書」というのがあって、これは古文書群の総称であるから、実際にはもっと多くの参考史料があったということになる。

この文書群のほか、鶴岡八幡宮の史料が複数含まれ、また、鎌倉内の寺院の史料や所蔵本などがある。河井恒久らが鎌倉にとどまり、各所で史料調査した成果であろう。

そしてもう一つの特徴が決して机上の産物ではなかったということだ。『新編鎌倉志』を読むと、端々に「里人云（いわく）」「里民伝へて」「里俗〜と云伝」「土俗〜と伝ふ」といった文言が目に付く。つまり、地元の人々が語った伝承を取り上げていることである。これは次のような編集方針によるものである。

　古祠旧寺より以て里巷荒村芻蕘（すうじょう）の言におよび、質問し之を載せる

木こりと草刈り、つまり身分の低い者たちにまで質問をしてこれを掲載しているとある。『新編鎌倉志』はこうした民俗伝承と歴史史料による考証によって成り立っている。徳川光圀という水戸藩の藩主と名高い学者が集っていた彰考館が、このような村人の言葉を採用していることは非常に大きなことである。

しかし、ただ単に載せているわけではない。事例として由比ヶ浜（ゆいがはま）近くに現存する「畠山重保（しげやす）石塔」の項を見ておこう。

畠山重保石塔

　畠山重保石塔は、由比浜にある五輪を云。明徳第四、癸酉霜月日、大願主道友と切付てあり。年号、重保より遥後なり。按ずるに【東鑑（あずまかがみ）】に、元久二年六月廿二日、軍兵由比浜に競走て、謀反の輩畠山六郎重保を誅すとあり。或は後人重保が為に建てたるか。万里居士（十五世紀の京相国寺の僧万里集九）【無尽蔵】

（『梅花無尽蔵』）に、寿福寺に入て、人丸塚を山嶺より望、六郎が五輪を路傍に指すとあり。又此石塔の西方を畠山屋敷と云。是も重保が旧宅ならん。里俗、或は畠山重忠が石塔と指示し、又重忠が屋敷なりと云伝。恐は非ならん。重忠が屋敷は、筋替橋の西北にあり。重忠は、重保と同日に、武蔵国二俣川にて誅せらるとあり。父子なり（傍線筆者）

由比ヶ浜近くの五輪塔は、地元民の間では畠山重忠の石塔と言われていた。しかし、鎌倉幕府の歴史について信頼性が高いとされていた歴史書『吾妻鏡』などの書物の記述から、これは畠山重保の墓であるとし、重忠というのはおそらく誤りだろうと判断している。

じつは光圀の『鎌倉日記』では、

畠山石塔　大鳥居の西の柱の側にあり。明徳二年、此丘道友と刻てあり。文字文明ならず。畠山六郎が為に後に立たるか不審（傍線筆者）

としてあった。おそらく畠山重保の墓であろうとは考えていたが、時代が随分とあとであることなどから、ここでは重保の墓であるかは「いぶかしい」と言うに止まっていた。しかし、その後、拓本を取ったのだろうか、銘文がきちりと読みとられ、複数の文献による考察もされ、地元の人々から聞き取りもし、そのうえで重保の墓であるとして一応の結論

図15　畠山重保石塔（鎌倉市所在）

を出していることになる。
　これは『新編鎌倉志』の大きな特徴である。決して座学だけで作られたわけではない。村人が語ることでも決して馬鹿にしていない。そのことは「里俗」を採用している箇所があることが物語っている。

薩摩藩・長州藩の藩祖廟の謎

江戸の原正興という人物が天保十年（一八三九）五月六日に鎌倉を訪れ雪の下に宿をとったあと、翌朝、巨福路坂(こぶくろざか)の茶屋で鎌倉絵図を買い求め、前日も訪れた鶴岡八幡宮へ参拝した。その後、源頼朝の館跡に訪れ、「今は畑となりて青麦生立たり」と記している。彼のように頼朝館跡について記す紀行文が実に多い。そして、その大半はかつての英雄のゆかりの地が畑となっていることに感慨を示している。その後、近くの山にある頼朝の墓を訪れたのが、次の場面である。

　この畑より山へ六七丁（およそ七〇〇メートル前後）登れば、頼朝卿のおほみ墓あり。石の玉垣結ひ、前に石の燈籠二ツ有。水盤には丸に十字の紋付たり。燈籠に薩摩中将重(しげ)豪(ひで)と彫付てあり。近きころまで高輪のみ館に住給ひたる、三位中将栄翁君（島津重豪）の納め給ひしになん有ける。右の方へ壱丁ばかり行ば、嶋津忠久のみ墓、矢倉のうちに有。十丈ばかりはなれて、大江広元のみ墓、是も矢倉の内に有。この君は、其ころの博士にて、鎌倉の格式など、多くはこの君のさだめたるにて、功有し君也

　頼朝の墓の前にある燈籠の碑文からそれが島津重豪（栄翁）の奉納したものであることが分かる。重豪は天保四年に亡くなっているから、正興にとっては馴染み深い人物であっただろう。そして、そこから右へ一丁（一〇九メートル）ほどのところに、薩摩藩島津家の祖と

される島津忠久と長州藩毛利家の祖とされる大江広元(おおえのひろもと)の墓が並んであった。

これは不思議なことである。この場所は以前はどうだったのだろうか。徳川光圀の延宝二年(一六七四)の『鎌倉日記』では、法華堂のところに「法華堂(中略)手ノ上ニ頼朝ノ墓有ト云」とだけ記されている。こののち調査を経て貞享二年(一六八五)の『新編鎌倉志』には、

法華堂　附頼朝並義時墓(中略)

頼朝墓　法華堂の後の山の上にあり。【東鑑脱漏】に、法華堂、西の方岳上に、右幕下の御廟を案ずとあり

平義時墓　今は亡(なし)、【東鑑】に、元仁元年六月十八日、前奥州義時を葬送す。故右大将家の、法華堂の東の山の上を以て墳墓とす。号新法華堂とあり

と記載されている。この頼朝の墓については、林道春(どうしゅん)の元和二年(一六一六)の『丙辰紀行』に、「頼朝の墓とて人の教へければ、鴨の長明が、草も木もなびきし秋の霜きへて、といへる事を思ひ出て」と述べているように、おそらく地元の人に教えられて訪れていることから、実際に頼朝の墓であるかどうかは別にして、地元で頼朝の墓であると伝承されてきたことはほぼ間違いないだろう。

一方で、『新編鎌倉志』では新たに「平義時墓」が追加されている。現在、島津忠久らの墓の裏の山の中腹に「義時のやぐら」がある。また、これとは別に忠久らの墓の下に平地があり、この平地に義時を供養する法華堂があったとも地元には伝わってきた。平成十七年（二〇〇五）の発掘調査によって、この平地が義時の法華堂の可能性が高いとして、翌年に頼朝の墓とあわせる形で国指定史跡に指定された。これらは全て『新編鎌倉志』に引用されているように、『吾妻鏡』の記述から推測されてきたものである。『新編鎌倉志』には、「今は亡」と記されているから、おそらく後者の平地のことを指しているのであろう。

しかし、ここでは島津忠久や大江広元といった名前は出てこない。『新編鎌倉志』では、『吾妻鏡』らの文献考証はもちろんのこと、地元での聞き取り調査も行っているから、そうした調査のなかでも忠久らの名前は挙がってこなかったのである。ではどうして現存するのかと言えば、江戸時代の後期から明治にかけて編纂された島津氏・薩摩藩の文書集である『旧記雑録』の重豪の代に、

夫(それ)鎌倉右大将頼朝公及我先公得仏公（島津忠久）の石塔、往昔より相州鎌倉相承院にあり。ここにおいて今茲(こんじ)春二月有司（役人）に命じ、新たに石垣及び石燈籠・石(いし)

盥盤・神道の石を建てる。東都（江戸）人龍湖新和俗名云三井孫兵衛をして之を書かしむ

とある。つまり、安永八年（一七七九）に重豪が命じて、昔からあった頼朝と島津忠久の墓を整備して、玉垣・石燈籠・石盥盤・寄進目録石を据えたというのである。また、山の入り口と頼朝の墓から島津忠久の墓まで行く道の入り口とに、二つ石碑を建てている。ところが『新編鎌倉志』以降、この場所に島津忠久の墓があったという記述も伝承もない。そのため「我先公得仏公の石塔、往昔より相州鎌倉相承院にあり」という記述は、明らかに薩摩藩の創作である。

ではどうしてこのようなことをしたのか。『島津家譜』などの系図には島津忠久は源頼朝の子であるとされていて、この由緒を補強し、かつこれをもって薩摩藩内での権威を高める狙いもあった。また、碑文の筆を当代随一の書家・篆刻家であった三井親和に依頼したことも、これを裏づけているだろう。だが、この墓整備はこれで終わらなかった。この約四十年後、長州藩もこれに続いた。

『毛利十一代史』には、文政三年（一八二〇）十一月二十五日に、

古来より鎌倉の地に遠祖（大江）広元公及季光の古墳あり。今回掃浄柵を建て又霊

碑を置き、是日祭事を修めらる

とある。長州藩十代藩主毛利斉熙の代に「古来より」鎌倉の地にあった大江広元とその子季光の墓を整備し、柵を建てたということになる。大江季光は毛利家の祖とされる人物である。誤解のないようにあらかじめ言えば、この時に整備した大江季光の墓は別の場所にあり、明治期に広元の墓の横に移したものであり、現在は右から忠久・広元・季光の墓が並んでいる。

ここでまた不思議なことがある。島津忠久と同じく、頼朝の墓の近くに大江広元の墓があったとする史料は見あたらない。また、季光の墓についても、『新編鎌倉志』では、浄国院住僧元運という人物が建てた「大江季光入道西阿墓石」がかつて雪の下馬場小路にあったが、今ではその墓石も崩れなくなってしまっていると記されている。つまり約百四十年前にあたる『新編鎌倉志』の調査時点でさえ、地元にかすかにその伝承が残っていたに過ぎなかったのである。つまり、大江広元父子の墓もまた長州藩による創作であった可能性が高く、歴史学的には長州藩はずいぶんと危ない橋を渡っていたことになる。

二人の墓碑には、二人の事績が綴られており、この碑文は鎌倉の相承院と浄国院の僧侶による撰となっているが、『毛利十一代史』では、両公碑の作文を山県半七に命せられたること年表に見ゆ。撰者は別人たるも僧名を著すは、古今其例あり。初め碑文草案を江戸邸において伺い定め、山県半七藩地へ齎（もたら）し明倫館において同僚と議し、修正の後再び伺いを経、選定せしなり

とあって、碑文を江戸藩邸ならびに萩（はぎ）の藩校明倫館（めいりんかん）で検討したうえで鎌倉の僧侶の名前だけ借りたことが記されている。藩の知恵者が総出で碑文を推敲したのであるから、藩の力の入れようが分かる。長州藩では、宝暦期（一七五一～六三）から藩政改革と藩祖顕彰が説かれ、藩祖毛利元就（もとなり）廟が整備されたのを皮切りに、文化・文政期（一八〇四～二九）に毛利氏の遠祖の墓所創出や祖先祭祀の強化、元就・隆元・輝元三代の歴史書編纂が進められた。それは例えば、藩の骨格を揺るがす本藩・支藩問題の解消や異国船対策として新たな軍事編成を導入するにあたり、「古来の軍法」と矛盾しないことをアピールするねらいがあった（岸本覚「長州藩の藩祖顕彰と藩政改革」『日本史研究』四六四）。

また、この墓整備には鎌倉雪の下本陣の大石平吾が尽力し、その子平左衛門が墓の清掃を請け負っていて、これに対し毎年長州藩より銀三枚が与えられている。また、浄国院と相承院の二院は鶴岡八幡宮の供僧（ぐそう）十二院のうちの二つで、大きな力を持っていた。この二院も墓整備の翌年紗綾（さや）二巻ずつ与えられている。つまり、鎌倉における有力者がこぞって

協力したわけである。

墓が創られる背景

鎌倉に限らず全国の寺社において、五代将軍徳川綱吉の頃から幕府財政の悪化によって、幕府から直接的に助成を受けることが難しくなっていた（圭室文雄『日本仏教史』近世、比留間尚『江戸の開帳』）。幕府みずからの堂社の新築・修築、もしくは金銀の下賜が極端に少なくなり、勧化や開帳・富籤など自力でのお金集めが求められるようになった。そのため、創作であろうがなかろうが、鎌倉外からの資本でもって史蹟を整備し、その管理を委託されることは、鎌倉側にとっても実入りがある話であった。

藩権力にとっても藩政の基盤を固めるだけでなく、鎌倉という武家の聖地に家祖の墓が常置され人の目に触れられることは大きな意義があったであろう。源頼朝の墓の傍であるからなおさらである。鎌倉・江ノ島は江戸在住の女性や商人の参詣も多い土地である。しかし、彼らはあまり源頼朝の墓への関心が高くない。やはり武家や藩に仕える学者たちにとって訪れるべき、訪れたい場所であった。

実は大名や旗本にとって、領内を除くと旅の機会は非常に限られていた。参勤交代や幕府の役目の交代時こそがそのチャンスであった。文才で知られた大名たちには紀行文を残している人が多いが、実に参勤交代時のものが多い。参勤交代で移動がてら、その街道筋の有名寺社や歌枕の地を訪れるのである。しかも、参勤交代のルートは幕府への届け出が必要であった。そのため幕府にゆかりのある地、つまり許可が下りやすい場所として、徳川家にとって特別な地である日光や鎌倉は最適な場所であったと言える。こうした点も含めて、鎌倉には武家の聖地となる条件が整っていた。

ところで、島津重豪と毛利斉熙という二人は西洋文明に強い関心を持っていた人物として知られており、彼らが家の由緒に特別にこだわった事実は見逃せない。

文人層と庶民が交わる場――江ノ島

女性にとっての旅

江ノ島は名所と名産の宝庫である。十返舎一九（じっぺんしゃいっく）の文化六年（一八〇九）の絵入滑稽本『滑稽江之嶋家土産（みやげ）』に「江都よりわづかの旅なれば、貴賤老若おしなべて」とあるように、江戸からわずかに十三里の場所として親しまれた名所であった。

確かに江戸から近距離ではある。だが女性の場合は違った。菊池民子の『江の嶋の記』（文政四年）には次のようにある。

相模の国なる江の嶋といへる所は道ゆきぶりもめづらかにいとおもしろく、其海づらを見わたしたるさまはあやしく、此世の外のやうにおぼへて目おどろくばかりのながめにこそなンど、年比人（としごろ）のかたるを聞て、しきりになつかしう思ひつゞけて、爰（ここ）よりは遠からぬ所なれば、いかでかゆきて見まほしうと、日ごろ思ひわたれど、女の身ほど所せきものはなくて、堺をこえ□□といひけんからぶみのをしへさへ思ひ出られてやみにしが、ことし文政四とせといへる年の卯月十かの日、わが背の君のみゆるしありて、心あひたる友達かいつらねて出（いで）たつ嬉しさいはんかたなし

長年人が江ノ島を絶賛するのを聞いて惹かれ、さほど遠いところでもないため、何とか見たいと思っていたが、女の身ゆえに出かけられなかった。ようやく今年になって、夫の許しを得て、友人らと出かけられる嬉しさは言いようがないと、このような意味になる。

菊池民子は豪商佐野屋の娘で文才のある女性であり、当時二十六歳であった。この旅ののち、大橋訥庵（とつあん）の妻となる娘や佐野屋を継ぐ息子を産むことになるが、家業に専念していたこともあり、なかなか江ノ島へ参詣する機会に恵まれなかったのだろう。

民子と同じような書き出しをしている紀行文は多い。ほかにも李院という女性が、

鎌倉鶴が岡江の島詣の事、あまたとしおもひわたれけれど、何くれと世のことわざしげく、また道の程もやゝ遠ければ、心にもまかせざりしを、ことしばかりは何のさはる事もなくて、卯月中の八日しの、めに出たつ（『江の島紀行』）

と記し、長年思い続けていたがなかなか思いどおりにならず、ようやく障害がなくなり参詣に赴くことができる嬉しさを綴っている。また、同じく女性（不詳）による『東路の日記』（明和四年）でも、

三とせ五とせ思ひ過ぬることをしも世の人は長しといふめれど、はたとせばかりもこゝろに思ひこめて相模の国なる江の嶋の御神にまうでなんとねがひしに、今年ぞこゝろのまゝにたびだちぬるは、ひたぶるに思ひこめしことはとげぬてふ事はなしと人のいひけんもうべにぞ。又は御神のこよかしと御めぐみあるにや、けふぞふるさとを立出はべるも夢ぢのやうになんおぼつかなくおぼえはべるも、うれしきことのこよなければにやと思ほゆ

とあって、二十年もの間思い続け、やっと念願が叶ったと喜んでいる。彼女らはいずれも中年の女性で、子育てなどが終わり、家庭内での地位が上昇してきたことと無縁ではないだろう。

江ノ島は弁財天（べんざいてん）が芸能の神として信仰されたこともあり、女性の参詣客が多かった。ただしそれだけではない。江戸時代を通じて伊勢参りが旅の代表格であるが、これはあくまでも男性にとってである。社会的にも、生理的にも、女性には長距離の旅は厳しいものが

あった。そのため、江戸では江ノ島が手頃な参詣地として存在する意義があったのである。江戸では、男性にとっては「伊勢」、女性にとっては「江ノ島」であったと言っても差し支えない。

江ノ島の魅力

このように多くの人々を惹き付けた江ノ島とは、どのような名所であったのだろうか。江ノ島はまず信仰の地である。江ノ島では四月初巳の日に例祭があった。この例祭は、弁財天の御輿が竜窟（岩屋）から御旅所まで渡御をするものであり、音楽を奏でながらの行列が行く姿は見どころであった。これにより十一月まで仮の本宮で参詣者を出迎えるのであり、したがって春から秋までが参詣時期となる。

再び遠山伯龍の『桜のかざし』に登場してもらおう。

磯の波は青海波を奏し峯の松風万歳楽を調ぶ、此日（例祭）江戸より僅に十三里なれば男女童はべのわいためもなくてこゝに詣道国近江の浦々は船を漕つれみな此祭式を拝んとて群集なす事海陸の賑ひ大かたならず、島の三坊山下の旅舎には遠近の詣人を止て饗応す、都て此しまは漁家多く朝網夕罾とて荷ひて鮮魚を料理して出す、此所の名物とて鮮魚の美味なるを第一とす、旅舎の店に腰うちかけてわらんじ履ながら二の膳三の膳に居るもあり、あるは二階に宴して帰路を忘るるもあり

『新編鎌倉志』の記述に大方依拠しながらも、江ノ島の名物は「鮮魚」だと言い切っている。もしくは『新編鎌倉志』にそう断定されたから、誰もが江ノ島と言えば「鮮魚」とイメージするまでになったのかもしれない。一階で草鞋を履いたまま、二の膳・三の膳へとどんどん箸が進む者、二階で宴会をする者とさまざまだが、いずれも江ノ島の鮮魚に舌鼓をうったことであろう。これらは『新編鎌倉志』の記述であるから、十七世紀の後半にはこうしたイメージはかなり定着していたと言えよう。

実際、魚の新鮮さに関する記述は多い。文化四年（一八〇七）三月十五日に江ノ島の岩本院に宿泊した加藤曳尾庵（かとうえびあん）は、

> 夫（それ）より東岩屋の前にて、海士（あま）に鮑（あわび）をとらせ大に馳走あり。夕七ツ時（十六時頃）坊へ帰る。鳥居の前の浜にて地引網を引く。小鯛凡（およそ）百六七十枚を得たり。其夜調理して食ふ

と書き留めた。いかにも美味そうである。こうしたイメージは江戸時代を通じて保たれていた。これには『新編鎌倉志』の影響も大きい。『桜のかざし』がそのまま引用しているように、『東海道名所図会』でも『桜のかざし』と同じ部分が『新編鎌倉志』から引用されている。知識人の間でも連綿とこの江ノ島像が書物によって受け継がれる。これに憧れ

て実際に訪れると、その日採れた魚が皿に並ぶわけである。そしてそれをまた書き留める。これの繰り返しであるから、広汎に伝えられていくことになる。例えば、天保四年（一八三三）の『江の島まうで浜のさゞ波』という江ノ島案内記のなかでも、江ノ島の門前町の東にあった漁師町について、「此町いたつて繁昌にして朝網夕網に利をうることひとかたならずと聞けり」とある。「聞けり」なので、そのような風聞がまかりとおっていたのである。また、「朝網夕網」の表現は『新編鎌倉志』を連想させる。

もちろん土産物にも海産物が多かった。『桜のかざし』にも、「江のしま名産、幅海苔、海雲、比志岐、鮑粕漬、花貝」とあって、全て海から採れるものである。とくに貝はただ単に綺麗な貝を採って売っているわけではない。貝細工と言って、貝でいろいろな模様をつけた屏風など、さまざまな趣向を凝らしたものが売られていた。これは現在でも土産物屋で見られる。

実は江ノ島名物の粕漬については、次のような記述がある。江戸在住の浄土真宗の僧侶が記した『遊歴雑記』の文政四年（一八二一）の記述に、

> なを出立の砌、貝細工をまいらせんか、粕漬を進上申さんやといふにぞ、千万忝し、されど途中甚邪魔なりと再三辞義（儀）せしかども承引せず。然らば少しまい

らせんとて粕漬の鮑(あわび)七曲恵まれぬ。拠(よんどころ)なく重きを忍び東武へ土産とせしが、後に粕漬の鮑は日本橋小田原町・安針(あんじん)町辺より鮑の死貝を除置、酒粕に漬込密(ひそか)にゑのしまへ積送るとの噺して、はる〲の路を持来し段絶倒するに絶たり。年中ひさぐ相州小田原の鰹のたゝきも是に同じとかや。彼本処(ほんじょ)梅やしき清香庵にて商ふ梅干と同日の論たるべし

とある。宿泊した恵比寿屋で土産として鮑の粕漬を渡された。七曲だから、粕漬が入った容器（曲げ物）を七つくれたということだろうか。しかし苦労して持って帰ったら、実はその鮑は江戸から持っていったものだという噂を聞いたのである。それ以前の文化六年に江ノ島を訪れた際にも、「但し鮑の粕漬は東武より死貝を粕に漬こみて当所へ運送するを、武城の人調えて土産とするもおかし、粕漬求むべからず」とも記している。これが真実かどうかの史料は持ち合わせないが、安酒に灘などの酒蔵の刻印を押して売るなど、産地偽装や偽ブランドが決して珍しくない時代に、こうしたこだわりを見せる人も珍しい。話は逸(そ)れるが、昨今地ビールが人気である。ところが江ノ島で売られている地ビールの裏のラベルを見ると、製造が新潟県となっている（鎌倉で醸造しているものもある）。もちろん売られている場所が一番な要素であるのだが、それにしても現在と大きな違いはないようで

ある。

さて、当然のことながら、海に浮かぶ島であるから、山水の美は言うまでもない。外から眺めても、島内から眺めても素晴らしい景色と評判であった。『桜のかざし』にも「此地風景真妙にして山水の美たる勝色なり」とあるとおりである。この記述も『新編鎌倉志』からそのまま拝借した表現であるが、これはその他多くの紀行文や名所案内記にも見られるから、定着した表現であったのだろう。現在でも絶景のポイントには双眼鏡が設置されているものだが、ここ江ノ島にも同じようなものがあったことが複数の紀行文で知られる。

また、河井継之助（かわいつぐのすけ）は岩本院に宿泊して、「弐朱のまかなひにて種々の馳走あり、庭は海と富士を目前に控へ、数度来るとも飽間敷処（あくまじきところ）なり」（『塵壺』）と述べる。つまり海産物や絶景などが絶妙に重なっているところにこそ江ノ島の魅力があるというわけである。しかも何度も訪れるべき場所、飽きることのない場所という点で鎌倉と共通している。

知識人にとって、当時江ノ島は鎌倉・金沢（八景）と三ヵ所で一つの名所とみなされていた節がある。『四親草（よしみぐさ）』という天保六年（一八三五）の江戸在住の武士による紀行文には、この三ヵ所を並立して書いている場面が何ヵ所かある。

地は景をもつて勝れ、景は人によつてあらはる。いはゆるかまくらは、懐旧感慨の情を起さしめ、江のしま、金沢は風流華月のおもひを止めし

と、勝れた景色は人がそれに感動するから勝景たると述べたあと、三所の性質を述べる。続いて、

江の島にまうて、かまくらの古事、金沢の勝景をも探らん

さらには、

江のしまの浄域に塵胸をあらい、鎌倉の荒涼に古を忍ひ、此八勝に他口の鬱陶を散す

とも述べる。『四親草』の作者が述べるには、鎌倉は「古事があった場所が現在荒涼としていることに懐旧感慨の情を起こさせる場所」となるだろう。江ノ島は「やはり聖域であることで胸が洗われる思いがし、風流華月の思いを止める場所」である。金沢八景は、「勝れた景色（八景）によって鬱積を払い、これまた風流華月を止める場所」となる。それぞれの名所としての特質を見事に言い当てている。ここで注目したいのは、江ノ島も金沢も「風流華月」の地でありながら、金沢がただ勝景とされているのに対し、江ノ島は寺社の厳かなる空間であることも強調されている。これは江ノ島でいかに皆が風流を満喫したとしても、そこが参詣の地であることが基本にあること、そしてこうした聖域であるが

ゆえに、そこで風流を楽しむアンバランスさがなおいっそう江ノ島という名所の存在価値を高めていたことが知られよう。

江ノ島と芸能

ところで、江ノ島は景色と鮮魚だけであったのか。そんなことはない。芸能と商売繁盛の神としての弁財天信仰も基盤にはある。そしてもう一つ。数々の芸能の舞台となっていることだ。通称『白浪五人男』として知られる『青砥稿花紅彩画』も江ノ島が舞台となっているが、これは幕末以降の作品である。それまで江ノ島と言えば、稚児ヶ淵の物語が有名であった。

稚児ヶ淵には次のような由来がある。奥州信夫生まれで鎌倉建長寺広徳庵に住んでいた自休という僧侶が江ノ島詣をした際、島内で一人の美少年に出逢い一目惚れをした。この少年は鎌倉の相承院に住む白菊という稚児であった。自休はそれから文を出しまくったものの良い返事をもらえず、日に日に思いが募っていった。困った白菊は自休への辞世の句を江ノ島の渡守に与えて、白菊を尋ねて来た人がいたらこれを与えよと告げて、江ノ島の淵で身を投げた。のちに白菊を追いかけてきた自休は白菊の辞世の句に感動し、彼もまた身を投げて死んだ。この淵が稚児ヶ淵である。ちょうど島内から裏の岩屋竜窟に降りるところにある名所である。

魚板岩

こうした芸能の題材ともなっている話は非常によく知られていたと見え、ほとんどの紀行文に書き留められている。どのような手段で知識を得たかは別にして、ある一つの話は歴史書や歴史物語・人形浄瑠璃・歌舞伎・口伝などさまざまな媒体を通じて、多くの人々に親しまれていた。そのため、必然的に多くの階層に開かれた名所となる。鎌倉や江ノ島には物語としてなじみ深い有名人の逸話がそこかしこに残っている。まさに物語の宝庫であった。知識人は貯えた知識と史料批判という専門的な方法でもって、ある程度客観的にこれを眺めていた。しかし、それぞれスタンスこそ違えども、誰にとっても歴史と伝説の狭間にあって大いにロマンを感ずることができる場所であったことは疑いない。

こうした江ノ島の諸要素を折り重なる場が、岩屋の前にある「魚板岩（まないたいわ）」という名石である。『桜のかざし』に、

龍窟の前に魚板石と云あり、岩の面平にして魚板の如し、遊人此石上（この）にて酒を勧め鮮魚を料理して興になし、釣など垂れて慰む風景の所なり

とある。「遊人」たちが平らな岩の上で鮮魚を肴に酒を酌み交わしたり、釣り糸を垂れるなど風流の場であった。「遊人」という言葉は、中国の漢詩に見られ、「文人墨客（ぼっかく）」に近い

図16　歌川広重「相州江之嶋岩屋之図」（藤沢市教育委員会所蔵）

図17　江ノ島の魚板岩（藤沢市）

意味で使われていた言葉である。当時の知識人は幼少時から漢文に慣れ親しんでいるため、「遊人」もすんなりと身に備わっていた言葉と思われ、地誌などでよく見られた表現である。『新編鎌倉志』にも載り、源頼朝がここで釣りをしたという伝承を持つ「魚板岩」は、文人層にとって一種の理想郷であった。しかしこれを楽しんだのは文人層だけではない。

また、江戸在住の武士原正興の『玉匣両温泉路記(たまくしげふたついでゆみちのき)』（天保十五年〈一八四四〉）では、

> 俎岩(まないたいわ)の辺には、くだものなどうる也。又、破籠(わりご)（弁当）など持せきたりてゑ（酔）、うたふもあり。若き海士(あま)の「海に入て蚫(あわび)取来らん」と云。銭出せば、波をかづきて入、たちまちに蚫取来る也。「水底(みなそこ)の岩の間に、蚫を籠に入て隠しおき、銭出す多き少きにて取きたる」とかたる人の有しが、左(さ)も有べし。又、海士の子の、波をかづき、波にうかみて、銭を乞ふ。其さま、鵜と云鳥のごとし

とあって、さまざまなサービスが展開されていること、弁当を持参して酔って謡っている者もいるなど、一種の盛り場の様相を呈していた。それはただの盛り場ではない。風流に満ちた盛り場である。そのほかにも、子供が魚を捕ることを芸として見せる「かづき芸」や、海士がもぐって鮑を採ってくるサービスのほか、果物や団子や夫婦饅頭を売る店なども存在した。

『滑稽江之嶋家土産（みやげ）』には、この海士について、こんな笑い話がある。
（はまべにおりたちゆくとむかふよりあわび二ツ三ツなハ（縄）にとをしてさげたる男、たばこ（煙草）のみながら来たるに、すれちがひて）
ね「モシ御無心ながら火をひとつおかしなさいませ、ヲヤおめへその鮑はどこでとりなすつた」
さきの人「コレハあそこにあまがゐやすから、とらせやした」
ね「こいつハおもしろへ、そのあまがだれにでもとつてくれやすかね」
さきの人「さやう〳〵銭さへやればじきにとつて来やす、コリヤア百でこのくらゐとりやしたから、かつこうものだね」
頓「きめう〳〵ハイ有がたふございやしたト」
（わかれてゆきすぎると、まがりとの岩の上に、ひげむしやくしやとまつくろなる男ども、三四人まつぱだかにて）
男ども「モシおなぐさみに鮑とりますべいか」
ね「ヲ、そのあわびがほしいがこゝらにあまがゐるそふだ、どこにゐる」
男「こ、にねまつてゐます、わしらがあまでござらア」

ね「エ、きさまたちが蜑だ、あきやアがれうそをつくぜ、あまといふものハ真白な美しい女で、緋ぢりめんの褌をしてゐるじやアねへか」
男「とつぴやうじもないことをいわつしやる、この潮風にふきぬかれて、海へぞつぷり〳〵とはまりこんでゐるものを、ナニ色が白かんべい」
頓「ぬす公、とんだあまちやなことをいふ、芝居の蜑たアちがうハ、ゑどつ子のつらよごしだ、げへぶんのわるい男だぞ」
ね「ナニおらアしらねへからよ、男のあまならもふ鮑をとらせるにもおよばねへ、女のあまだとさかとんぼうつて、海へもぐりこむ所を、うしろからのぞをきめよふといふばかりのはらだハな、ハ、、、、サアいきやせう」

行き違った人に一〇〇文で二つ三つ鮑を採ってくれるという話を聞き行ってみると、当てが外れて男の海士だったという話である。一九が取り上げた海士については、紀行文にも書き留められている。『江の島紀行』（安政二年〈一八五五〉）には、

こゝに海人の集り居たるにもとめければ、やがてうみへ入、浪を分てあわび・さゞえなど取得てもて来ぬ

とある。このサービスは多くの紀行文に書き留められていて、魚板岩の上で酒に興じなが

ら、蚫やサザエなどを取らせるというのが風流であったのだろう。しかし、先の『玉匣両温泉路記』に「若き海士の『海に入て蚫取来らん』と云。銭出せば、波をかづきて入、たちまちに蚫取来る也。『水底の岩の間に、蚫を籠に入て隠しおき、銭出す多き少きにて取きたる』とかたる人の有しが、左も有べし」とあるように、海士はあらかじめ蚫などを隠しておいたようである。当初は魚介類を釣りさばいて食す人がいて、次第に参詣者が増えるにつれて代わりに魚介類を採るサービスが登場し、また、海士の子たちが海面に浮かんで種々の芸事をして銭をせびる風習も生まれた。この光景が文芸作品などに織り込まれて有名になると、この先入観に応えることが求められ、鮑などを隠し置くことが常態になったものであろう。これだけでも観光業の発達の歴史の一端を垣間見ることができる。

文化に身分はない

このようにして江戸時代の江ノ島の歴史を見てくると、文化の本質が見えてくる。文化には身分はない。そこに文化的意義を見出せる人には誰にでも開放されている。とくに私的な旅の場合、そこに参加している者同士、普段の社会的身分などは無意味である。

裏を返せば、こうした旅における文化的行為によって、庶民と知識人の交流が行われていたのである。旅によって日本列島全体が均質化されていくことになるが、同時に多くの身分差を解消するものでもあった。こうした弁証法的発展が江戸時代の文化力を高めていた一因である。

もう一つ重要なことは、しかしながら、文化は誰にでも平等であるというのは建前であり、やはり江戸時代の旅における文人層と一般民衆には決定的な差があったということである。この差は、「身分」ではなく「階層」である。明治維新以降、「身分」の時代から「階層」への時代へと変容していくが、旅は早くも「身分」ではなく「階層」の差を身にしみて感じる機会であったのかもしれない。

なお、交通制度の点から言えば、旅は身分差をしっかりと感じさせられる機会であったという意見も出てくるだろう。例えば、宿場での宿泊料も然り。人馬の雇賃も然り。幕府の公務で往来する武士は基本的には無料で、大名や藩士でも公用であれば幕府の定めた低廉な金額で利用できた。これは庶民から比べればはるかに格安であった。交通制度は、国家が国家のために整える性格のものであるから、これは当然なことである。しかし、不思議にも紀行文などで宿駅制度に不満を述べているものは見かけない。したがって、当時の人々は当たり前のものとして受け入れていたのであろう。現在のわれわれが考えるほど、旅において身分差は感じていなかった。

旅の大衆化

堕落した宗教？

檀家騒動

数年前、筆者の檀那寺で檀家(だんか)を二分する騒動が巻き起こった。ことの発端は、住職が本堂の新築を決め、その設計を高名な建築家に依頼したことである。聞けば何と三億円にも上る工費である。さらには、その設計の模様が「NHKスペシャル」で放映されるという用意周到さであった。すでに檀家役員はこれを了承したとのことで、決定事項なのだから各家七〇万円もの大金を速やかに支払え、というのである。

これに檀家が黙っているはずがない。およそ三分の二の檀家が反対した。そうすると、「反対したところの法事は短かった」という噂を各所で耳にするようになった。こうなると、寺も大人げないと思わざるを得ないが、江戸時代の歴史を見てみると、決してそれが特異なことではないことが分かる。その後の顚末は読者のご想像にお任せするしかないが、このような不思議な寺と檀家の関係が、日本には現に存在しているのである。

檀家制度の歴史

それでは、この檀家制度はどのようにして生まれたのだろうか。そもそもその成立は、キリスト教の禁令に端を発している。ことのはじめは、慶長十八年（一六一三）十二月の伴天連（バテレン）追放令である。これに呼応して、二十年頃から、京都などキリシタンが多い西日本で、宗門改（しゅうもんあらため）が行われるようになった（豊田武『日本宗教制度史の研究』）。つまり、転びキリシタン（迫害などによってキリスト教を棄てた者）を強制的に仏教寺院の檀家とし、寺にその人間が檀家であることを証明させる証文（寺請証文（てらうけしょうもん））を提出させるようになった。

この政策が全国的に実施されるのが、寛永十二年（一六三五）頃である（藤井学「江戸幕府の宗教統制」『岩波講座日本歴史』一一）。この頃より、キリシタンではない一般の民衆からも寺請証文を提出させるようになった。この方向性を一段と確定させたのが、島原の乱である。寛永十四年から翌十五年三月にかけて起きたこの事件にショックを受けた幕府は、宗門改役という専門の役職を置くこととした（圭室文雄『江戸幕府の宗教統制』『葬式と檀家』）。

全員に義務づけられた寺請証文が冊子体となり、「宗門改帳」として提出されるようになるのが、幕府が諸大名に宗門改役の設置を命じた寛文四年（一六六四）以降のことである。これとは別に領民を把握するための「人別改帳」があり、次第に「宗門改帳」と合体し、「宗門人別改帳」という名称に変わっていった。さらに寛文十一年には、その書式が統一されるようになり、こうして寺請制度が確立された。ここでポイントが四つある。

一つ目が、幕府・諸藩の法令などを中心として見ていくと、どうしても幕藩権力によって一方的に宗教統制がなされ、寺院は合法的に多くの檀家を持つことが可能となり、檀家の身分を保証する代わりに、檀家から収奪をするように見えることである。したがって、民衆は檀家制度を悪用されて一種脅迫とも言える寺院の経済的圧迫を受ける存在として描かれる（圭室諦成『葬式仏教』）。あるいは、江戸幕府の政策により寺院と檀家との関係は固定化され、寺は葬祭寺院としての性格を強めていき、僧侶は教義を忘れて堕落したのだという見解である（辻善之助『日本仏教史』）。このように葬式や法事を中心とする江戸時代の寺院については、長らく否定的な見方が強かった。

今ではこの見解は払拭され、江戸時代の豊かな宗教の歴史を提示する研究も多い。江戸時代の宗教のなかに近代の始まりを見出そうとする見解（中村元『近世日本の批判的精神』、柏原祐泉『近世庶民仏教の研究』）や、江戸時代において仏教の復古をめざす運動があったとする研究がある（大桑斉『寺檀の思想』『日本近世の思想と仏教』）。おそらく今後も評価をめぐって論争がなされることであろう。

筆者は辻説も一概には捨てがたいと考えている。というのは、民衆を主体に考えれば、より宗教が身近になり、民俗化したと評価できるし、その背景に「堕落」とまでは言い切れないものの、宗教側が熱心に檀家獲得活動をしていた側面もあるからである。つまり、民衆は真剣に信仰していたとしても、これを騙して金銭をむしり取ろうとする宗教もあるということである。こうしたことは、現在にも多くの事件が引き起こされていることからも分かる。この意味では「仏教堕落論」は宗教の監視装置という視角と言えるかもしれない。宗教と民衆のどちらに力点を置くかで歴史の見方も変わるのであり、寺社へ参詣する人々の立場に立つ筆者にとっては、「仏教堕落論」はあながち間違っているとは言えない。

二つ目に、檀家制度はキリスト禁制と寺請制度の確立のなかで徳川幕府が作り上げたもののように考えられるが、その前提としてすでに室町時代に寺院と檀家の関係ができあがっており、幕府はそれを取り上げただけであるという見方があることである（圭室諦成前掲書）。あるいは、寺請制度によって、葬式・法事などを通して日本古来の祖先崇拝と仏教の結合を庶民の間に普及させたとする説がある。これを逆手にとって見れば、檀家制度は、祖先崇拝を行うことができる「家」という単位が成立していることが前提であるということである（竹田聴洲『祖先崇拝』）。これらの考え方は、キリスト禁制に伴い檀家制度が作り上げられたとする説に疑問を投げかけたものであるが、同時に現代にまで檀家制度が存続してきた理由を説明するものともなっている。実に卓見である。さらには、こうした多様な説を取り入れ、現在最も有効なものと言えるのが次の説であろう（森岡清美『真宗教団と「家」制度』）。

一家一寺を建前とする檀家制度の成立は、寺檀関係を安定させようとする寺僧側の要求と、寺請制度の行政的機能をより効果的ならしめんとする権力の意図と、さらに庶民の家が小さくとも葬祭の執行単位たりうるだけの独立性をもってきたこと、などによって推進された。

三つ目に、寺請制度が確立されるのが寛永期（一六二四～四三）で、宗門人別改帳が義務づけられるのが寛文期（一六六一～七二）であるということは、この間に数十年の隔たりがある。そのため、キリスト教を禁止するために「宗門人別改帳」が作成され、檀家制度が確立されたというのはやや無理がある。また、すでに述べたように、「宗門人別改帳」

には戸籍台帳として機能した側面もあるから、領民把握のため、という見方もある。しかし、それなら別に寺院に身分証明させる必要性はない。そのため、「宗門人別改帳」の作成と檀家制度の強化には、別の意味が潜んでいるという説である（大桑斉『寺檀の思想』）。つまり、幕藩制国家にとって、宗教的権威は依然として取り込まなくてはならないものであって、寺院によって保証してもらうことにこそ意味があるというものである。

さらには、近年、村における寺のさまざまな役割が分かってきている。村において有識者である住職は、村人が訴訟に出る場合に、その訴状の執筆や訴訟の手続きの手助けなどをしている。あるいは、火災や犯罪を犯した人間の更生施設としての役割を果たしたり（佐藤孝之『駆込寺と村社会』）、夫と離縁する一つのきっかけを与えてくれる駆け込み寺の役割を果たすなどしている（高木侃『三くだり半』）。「旅に出る前に」の章で述べたように、往来手形の発行も行っていた。寺は決して収奪するだけでも、そして、葬式や法事を行うだけに存在したわけでもない。

四つ目に、しかしながら仏教寺院がこれだけ生活に密着したものとなると、本来宗教の持つ神秘性や畏怖性、その裏返しの尊崇という側面はどうしても薄れることになる。そのため、この檀家制度が寺社参詣の旅が広まる一つのきっかけとなったとも言われている。

なぜなら強制的に所属させられる葬祭寺院では、民衆の祈りに答えることはできないからである。そこで、外部の御利益のありそうな寺社へ頼っていくようになったという説である（圭室文雄前掲書）。

「宗門人別改帳」が語るもの

ところで、この寺請制度によって作成されることとなった「宗門人別改帳」の戸籍としての側面に注目していくと、面白いことが分かる。帳面はそれぞれの領主に提出されるが、村ではもう一部控えが作成されて保存され、現在、われわれはそれを目にすることができる。そこには、もちろん誰々がどういう宗派のどういう寺に所属している、ということが書かれている。ただし、それだけではない。たいていの家族全員の名前と年齢が書き記されている。あるいは、どこかへ奉公に出掛けたこと、結婚したこと、出生・死亡などを読み取ることもできる。つまり、結婚・離婚・奉公・身売りなどで人が移動するたびに、必ず村から村へ戸籍が移動されていた。そのため、何十年かの固まりでこの帳面が残っていると、ある一人の名もない人間の一生が追跡できる。あるいは、江戸時代の結婚年齢や死亡年齢などをはじき出すこともできる。このように「宗門人別帳」の特性に注目してできた新しい研究分野が「歴史人口学」である。比較的手に取りやすいものとして、速水融（あきら）『歴史人口学で見た日本』があるので、是非お読みいただきたい。

負け組の巻き返し

幕府による統制政策

檀家制度と同じく寺社参詣の大衆化に影響を与えたのが、幕府による各宗派への統制政策である。徳川幕府の大きな特徴として、宗教や芸能などに関しては間接的に統括するという基本的な姿勢があった。元和元年（一六一五）の寺院法度によって、仏教各宗派の本山が定められ、この本山を頂点とする本末制度が築かれていくことになる。各宗派は、幕府などの権威を背景に、末寺の僧侶の任命権や財産管理権を握り、寺の格付け、僧階・寺号の付与の対価を要求するなど末寺への統制を強めた。この本山から末寺に対する経済的圧迫のしわ寄せが檀家へと廻ってくるのである（圭室文雄『江戸幕府の宗教統制』）。

各宗派は、江戸周辺に「触頭」と呼ばれる寺院を設置し、幕府との交渉に当たらせており、幕府から見れば仏教各宗派の統制の窓口でもあった。このように、江戸幕府は、仏教の統制に対して間接的な統治を行っていた。この構造は仏教以外でも同じである。

例えば、陰陽師や三河万歳の場合、幕府は京都の公家土御門家（安倍晴明の子孫との由緒を持つ）にその統制の権利を与えていた。土御門家は配下となる陰陽師や三河万歳に免許状を与え、その代わりに入門料なり毎年の貢納料なりの金銭を受け取っていた。ここでも仏教の本山末寺関係のような階級関係が成立していたのである。

同様に、修験道本山派は聖護院門跡、修験道当山派は醍醐寺三宝院門跡、盲僧は青蓮院門跡という形で門跡寺院（皇族や摂家出身の僧が住む寺）が間接統治の役目を果たしていた。また、鋳物師は下級公家（地下家）の真継家、神職（神主）は上級公家（堂上家）の吉田家、相撲渡世集団は吉田司家、神事舞太夫・梓神子は幸松勘太郎（のちに田村八太夫）、虚無僧は普化寺（下総国小金一月寺・武蔵国青梅鈴法寺）、えたは浅草の弾左衛門というように、公家をはじめとしてさまざまな出自の家に統制権が与えられている（高埜利彦『近世日本の国家権力と宗教』）。しかし、それぞれ統括する権利を与えられる根拠はさまざまであった。

ところで、幕府から公認の檀家を持つことを許された葬祭寺院とは、基本的に寛永八年（一六三一）までに成立した寺院であった。なぜなら、寛永八年に新寺建立禁止令が出されており、また、翌年には全国各宗派の本寺・末寺を網羅する名簿のようなものである「本末帳」という帳面の提出が命じられた。これに名前があるかないかが、檀家を持つことができるかどうかの判断基準となった（圭室文雄前掲書）。

寺院の宣伝活動

ここで旅が広まる二つめの要因が挙げられる。寛永八年（一六三一）以降に建立された寺院としては、檀家を持つことが許されないため、外に信者を見つけなければならない。したがって、派手な宣伝活動に力を注ぎ、他地域からの参詣者を増やすことが、食べていくための必須条件となった（圭室文雄前掲書）。また、神社も中世までの領主の庇護を失い、祖先祭祀を司る仏教寺院とは違って経済的基盤が弱かった。そのため、江戸時代の村にある神社の多くは専任の神主がおらず、ある一人の神職が複数の村の神社の神主を兼ねている場合が多かった。もし、ある神社専属の神主として生活していくならば、祭礼行事を通じて精神的に地域の中核としていくか、もろもろの宣伝行為をして売り出していくしかなかった。つまり、寺社側にも参詣の旅が大衆化する、否、大衆化させなければならない事情を抱えていたことになる。

いざ宣伝活動をしようとすると、いろいろな制約があるのが江戸時代の常である。とりあえず本堂修復などの名目で何ヵ国にもわたって募金活動をして歩き回る「勧化（かんげ）」、本尊を公開して金銭を集める「開帳」、今の宝くじのような「富籤（とみくじ）・富付」などなど、さまざまな手段があった（比留間尚『江戸の開帳』）。ところが、これらも全て江戸幕府に届け出て、許可を取らなければならなかった。その許可は、どのようにして下りるかというと、幕府との縁の深さであったり、由緒であったり、寺格であった。そのため、多くの神社・寺院は、公認の宣伝活動をすることはなかなか難しかった。しかし、非公認での勧化活動などが頻繁に行われていたことは、数多くの史料が物語っている。とりあえず法令は出すものの、決して徹底的に取り締まることのなかった幕府の柔軟性も旅を大衆化させた一つの要因である。

成田山新勝寺の戦略

こうした状況下、開帳をきっかけに大きくなった寺が成田山新勝寺（しんしょうじ）である。今でこそ全国屈指の寺院であるが、十七世紀末頃までは地方の一寺院にすぎなかった。開帳だけではない。歌舞伎や出版文化などさまざまな手段で寺を宣伝し、かつ寺自体の格を上昇させる運動も展開した。開帳による収入は大きく、安政二年（一八五五）の成田山の収入は、八万両であった（『成田市史』）。これに対して久

図18　成田山新勝寺初代本堂（成田市所在）

図19　同二代本堂（同所在）

図20　同三代本堂（同所在）

図21　同四代本堂（同所在）

保田藩（秋田藩）佐竹家の収入は五万両であった。江戸時代後期の成田山も決して楽な財政ではなく、開帳を繰り返すことで帳尻を合わせている状態ではあったが、それでも二十万石の大名をはるかに凌ぐ財政規模であった。

　これほど宣伝戦略に長け、かつその歴史が手に取るように分かる寺を筆者は知らない。なぜそう言えるか。何と現存する本堂のうち初代の本堂から数えて、二代・三代、そして現在の四代目の本堂が残されている。その歴代の本堂を順番にめぐっていくと、この寺がぐんぐんと成長していった歴史がはっきりと理解できる。成田山は江戸時代の寺社が歩まざるを得なかった歴史をそのまま体現した寺なのである。裏を返せば、日本人にとってはどのような宗派でも神仏でも良く、寺社側も生きるため、社会的要請に応えようとして多くの御利益を加えていった。もはや輪廻から抜けだし、悟りの境地に達そうという釈迦時代の仏教は跡形もない。でも、こうしたたくましさは日本特有のものであろう。

かつてたくさん廻ってきた宗教者

寺社の棲み分け

　どうして近世の人々は、檀那寺を持ちながらも、ほかでも複数の寺院・神社を同時に信仰することができたのだろうか。それはきちんと棲み分けができていたからである。どういうことかと言うと、寺社は「御利益」を次々と加えていったが、そのなかでも売りと言える御利益が必ずといってよいほどあったからである。

　雨乞いなら相模大山、火除けなら武蔵国三峰山か上野国榛名山、あるいは下野国古峰原、中部なら遠江国秋葉山、京の愛宕山、江戸末期まで民衆の脅威であった疱瘡除けなら尾張国津島神社といった風にである。村人は、みずからが住んでいる場所から、こういう場合はここの神社、こういう場合は、ここのお寺という形で、さほど苦もなくお参りする神社仏閣を選んでいたようである。

寺社の営業マン—御師

とすると、どのようにしてその情報を得ていたのだろうか。江戸・大坂のような都市ならば、名所記や重宝記と呼ばれる案内記で知り得ただろう。親や兄弟からも聞くだろうし、村の寄り合いで村人からも聞くだろう。あるいは、絵図の類からだろうか。いずれにしても、もっと根本的で決定的な情報源がなくてはならない。それが、仲介役となる宗教者である。彼らは主に「御師」と呼ばれることが多かった。すなわち、寺社の営業マンである。その存在形態はさまざまである。もともと山内に住み着いていた修験者であったり、神社に仕える下級の僧侶であったり、神官であったりする。ただし、その職務はおおむね一定していた。寺社にあっては参拝者を出迎え宿泊させ、祈禱をする。営業の時期が来ると、各檀家の家を訪問し、初穂料を受け取り、札やら暦・薬などを配る。そして、次の参拝の約束を取り付ける、という形で寺社の信者獲得に貢献していた。御師と檀家のつきあいは決して一過性のものではなかった。

次の史料（福島県歴史資料館所蔵『青砥家文書』）は、伊勢御師の檀家廻りの際に初穂料を受け取ったことの証として渡された領収書である（一五二ページ図22）。

覚
惣〆（そうしめ）
一金四両二分三百八十文　御祓御初穂ならびに正遷宮御初穂ともに
右の通り御初穂めでたく神納致すべく候以上
三日市太夫次郎内
池田仁太夫
植田村
庄屋　仁左衛門　印
伊香村
御庄屋
権次郎様

このような文書は全国的に大量に残されている。それだけ伊勢御師が全国に信者を獲得していたのである。ここで注目すべきことが二つある。一つは、御師三日市太夫次郎が直接檀家のもとを廻っていたわけではないことである。伊勢御師の場合、檀那が広範囲に渡

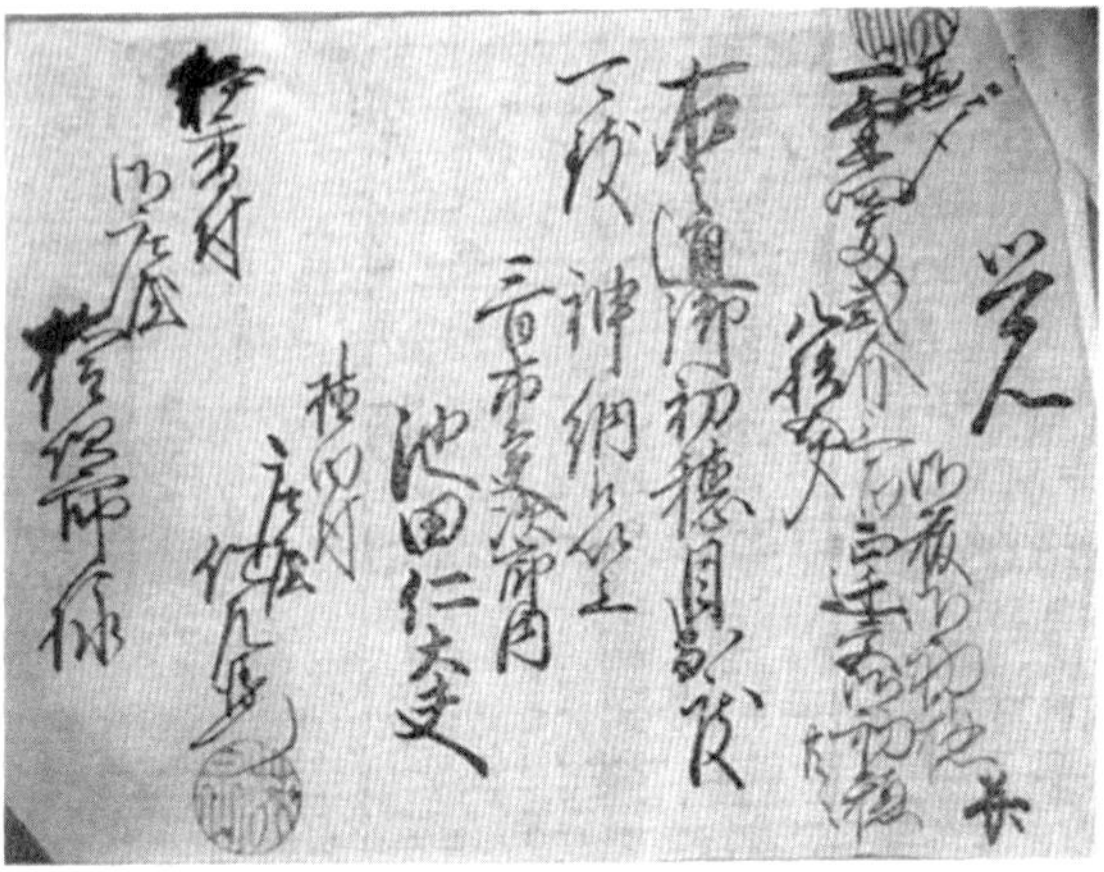

図22　伊勢御師初穂料受取状
（福島県歴史資料館所蔵）

っており、とても一人で廻りきれるものではなかった。ゆえに必ずしも御師自身が檀家を廻るわけではなく、その役目を手代が担っていた。ここでは池田仁太夫という人物である。

もう一つは、差出人に植田村の庄屋仁左衛門の名前があることである。そして、彼だけ印鑑が押されていることである。これはつまり、御師の代わりに仁左衛門が初穂料を集めているということである。御師の檀家廻りはきわめてシステマティックであったことがすでに知られている（圭室文雄編『大山信仰』）。札を配るためにそれぞれの村や個人宅を廻るとして、そのつどお金を徴収していたら大変である。そのため、初穂料を集約させる特定の家を設けておいた。この役目を引き受けた家は、檀家のいる村々から送られてきた初穂料をとりまとめ、それを御師や手代に送ったり、手渡したりするのである。御師にとってはこれで煩わしい作業が一つ減ることになる。写真のとおり、庄屋二人の名前と、金額と但し書き以外の部分は印刷されている。つまり、御師や手代は印刷した大量の領収書を、センターとなるべき人物に渡し、仕事を代行させている。

さて、御師は伊勢だけにいたわけでない。関東だけでも、北から榛名・三峰・鹿島・武州御岳山・相模大山・江ノ島、さらには富士山・尾張国津島・近江国多賀に存在した。村からすれば実に多彩な顔ぶれが頻繁に村を訪れていたことになる。それぞれの御師が全国に檀那場を持っていた。檀那は村単位であったり、村内の有力者を中心とする講単位であったり、家単位であったり、個人単位であったりと存在形態は多様であった。ただし、都市部になればなるほど個人性が強い傾向にあった。

さまざまな経済活動

しかし、村を廻ってくるのは御師だけではない。堂社修復・再建を掲げた御免勧化（ごめんかんげ）や私勧化が廻ってくる。三河万歳（みかわまんざい）などの門付（かどづ）けの芸能者もやってきた。年がら年中、宗教にかこつけた某（なにがし）かの金銭の無心が行われていた。

そこで領主は年貢徴収や役負荷など支配の差し支えにもなるため、次のような触れ（福島県歴史資料館所蔵『河越家文書』）を出していた。

覚

一諸勧化の儀、去る亥年より来る卯年まで五ケ年のうち御差留厳しく仰付られ候間、
当村へ諸勧化新配札の類ものは入申さず候
一無駄賃の人足決して差し出さざるよう厳しく仰渡され候、以上
子の八月　　村役人

これは会津地方の桑原村（現福島県大沼郡三島町）の肝煎の史料である。この史料は、子年（文化元年〈一八〇四〉）に書かれたものだが、その二年前の享和二年（一八〇二）から文化四年までの間、勧化や配札の者を村に入れないようにとの決まりである。

ここで注目なのは、「新配札」とあることである。つまり、その時点で関係を築いている御師については認めている。否、認めているというよりも大事にされていた。南東北では、伊勢神宮と津島神社の二箇所の御師の影響力が強かった。そのため、多くの村では伊勢御師と津島御師は格段に固い絆で結ばれていたと考えられる。そのことは次の史料からも推察される。実は先の史料は、この願書に応える形で出されたものと考えられる（ただし、本文書は下書であり案文であり推敲の痕跡がある。しかし、本書の理解のために最初に記された文言のみを左に記す）。つまり、村人からの働きかけによって出された触れ（福島県歴

史資料館所蔵『河越家文書』）なのである。

乍恐以書付奉願上候事（おそれながらかきつけをもってねがいあげたてまつりそうろうこと）

近年自他郡諸寺院神社御師の類村々配札年増（としまし）多く成られ、村々相廻り人足雇或は家別に配札仕（つかまつり）、又は村役人手元に初穂引き替えなどに仕り相送り申し候（中略）御私領においては伊勢津嶋のほか配札申さず候、更に村々人足なども差し出し申さず候由に御座候間、恐れながら御私領同様伊勢津嶋のほか配札差し留め下し置かれ、人足など決して雇い申さず候様御慈悲をもって仰付られ下し置かれたく願い上げ奉り候、兼ねて地下（じげ）御厭（おいとい）の義は御私領同様仰付られ下し置かれ候義に御座候えば、とても御貴輸をもって願いの通り仰付られ下し置かれたく存じ奉り候以上

文化元年（一八〇六）

子八月　　金山谷四ケ村

御代官様

ちかごろさまざまな寺院神社の御師のような者が配札しに訪れて困っている。私領（非幕府領）では伊勢御師と津嶋御師のほかは閉め出しているそうなので、同じように伊勢・津嶋以外の御師は配札し、人足を雇うことをやめさせるようにして欲しいと幕府の代官に

訴えているものである。この文書で分かるとおり、この地域では伊勢と津嶋の両御師はとくに確固たる関係を築き上げていたのである。

御師と村の結びつき

御師と村との結びつきについて、もう少し理解を深めていきたい。武蔵国世田谷村では寛政十一年（一七九九）から文政九年（一八二六）まで、史料の残る十一年間で十二回、伊勢御師龍太夫の手代中村四郎兵衛と中村仲が訪れていた。また、同じ世田谷領の奥沢村では、寛保二年（一七四二）から文政五年までの間、五十年間で三十六回も龍太夫の手代松岡喜介と松岡吉右衛門が訪れていた。いずれも御師龍太夫への初穂金を納めるのと同時に、手代へも別に初穂金を支払っている。

こうした伊勢御師と村との関係は確固たるものであったのかと言うと、半分正しく半分間違いである。世田谷村・奥沢村両村とも、伊勢御師以外にも、津嶋御師・江ノ島御師・相州大山御師・鹿島御師など複数の御師が来村しており競合相手が多かった。ただし、初穂料の高低などを見ると、伊勢御師は他所（よそ）の御師よりも優遇されていたことは否めない。しかし、それはあくまでも他所の御師とであって、奥沢村では同じ伊勢御師の上野彦八太夫が参入しており、おそらくはこれは内宮対外宮という構図であるが、この伊勢内部の二御師によって争奪戦が展開されたことは言うを俟たない。

このように御師の熾烈な檀家獲得競争のなかにおいて、伊勢参宮は成立していたのである。

伊勢参宮の動態化——参詣地の複合化へ

大衆化する旅

旅が大衆化した要因は大きく言って二つある。寺社側の要因と、旅する側の要因である。言い換えれば、寺社側が民衆の参詣者を獲得していかざるを得なくなったことと、一般の人々に旅に出る要因が生じたこと、そして、旅に出るだけの社会的条件が整ってきたということである。

前者はここまで説明してきたとおりである。ここからは、後者の社会的条件について説明していきたい。「旅の大衆化」と言うには、当然ながら、宗教者・芸能者や商人・武家など、絶えず公的にまたは生活の一部として移動を繰り返している人々だけではなく、日常生活から離れて旅をする人々が広範囲に出現し、かつそれが都市の中下層、そして、農漁山村落の中下層にまで及ぶことが一つの条件となる。こうした人々が旅に出ることが可能になるためには、金銭的な余裕と交通制度の整備が必要である。

金銭的余裕とは、旅に出るだけのお金が手元に残るか、どうかである。旅は人が人として生きていくための最低必要条件ではない。食費を含めた生活資金、農作業や農間余業のための道具などの資本金、社会のなかで生きていくための最低限の交際費、これらが再生産に必要な経費である。そのため、単純に言えば、これらの経費を除いてどれだけの金銭的余裕があるか、によって旅に出られるかが決まることになる。

十六世紀から、地域差こそあれ、畳と床の生活、木綿の衣服、蠟燭・油による夜の生活、一日三食など、現在の日本人の生活スタイルの基礎が形作られていった（朝尾直弘編『世界史のなかの近世』〈『日本の近世』一〉）。十七世紀には、耕地も人口も格段に増加し、十七世紀末頃からは人間が再生産するのに必要以上の、いわゆる剰余生産物が手元に残るようになってきたと考えられている。速水融氏は、近世の小家族経営に注目する（速水融『近世濃尾地方の人口・経済・社会』）。すなわち、直系もしくは核家族という少ない人力によりながらも狭い耕地において生産性を向上させる努力がなされた。あるいは、穀物にどうしても目が行きがちだが、八代将軍徳川吉宗による諸国産物調査や、藩による専売制によってて適地適産主義が取られたことなどもあり、宝暦・天明期（一七五一～八八）には旅に出るだけの余裕が生まれていたと考えられる。

旅にかかる経費

具体的な数字で示そう。伊勢参宮はおおよそ三両、湯治は七日でおよそ一両かかるとされる。小野武雄氏によれば、江戸の大工の年間収入は二六両で、余剰分は一両ほどである（小野武雄編著『江戸物価事典』）。また、児玉幸多氏が示される十九世紀前半の水戸藩の潮来郷の調査によると、条件に恵まれた上村では六両三分と銭六五〇文の利益であり、用水に恵まれない下村では利益は金一両三分二朱と銭一貫四〇文であった（児玉幸多『近世農民生活史』）。しかし、その他の事例では年間収支では不足が生じているものが多く、全体として、共同体内で生きていくために必要な交際費なども含めた再生産への必要経費でさえこと欠く場合が見受けられる。したがって、条件の良い土地でない限り、医療費や娯楽費などを捻出するのは困難である（もちろん年によって変動もあるだろう）。

例えば、相模大山では天保十五年（一八四四）に相模国西部の村落から江ノ島・鎌倉にも廻る三日の行程で一貫文程度要した（『大山より江乃嶋鎌倉金沢日記』、神奈川県立公文書館所蔵）。また、飯豊山の場合、麓近くの泥浮山村（現福島県耶麻郡西会津町）から二泊三日で五〇〇文（「文久元年飯豊山参詣道中覚書」）であった。こうした山に近い場合ならまだしも、同じく飯豊山でも、常陸との国境近くの宝坂村（現福島県東白川郡矢祭町）からで金二分（当時の比率で三貫五〇〇文程度）かかっている。この数字には、札をもらい受ける料金などが含まれておらず、その他臨時の出費などがあったとすれば、やはり少し距離のある寺社へ参るのはそう容易いことではないことが分かる。伊勢参宮などは言わずもがなである。そのため「参詣講」を結成して旅費を捻出する方が現実的である。

いずれにしても、これまでの旅・参詣研究は、生産力の問題とか共同体内部の構造（宮座との継続性なども含め）の問題から全く説明されてこなかったことは反省されるべき点である。このためにも、一村落・一地域の近世を通じた旅・参詣研究も必至であると言える。

交通制度の実態

一方、交通制度の方はどうか。悪路であればそれだけ余計に時間と金銭を浪費する。江戸時代は、国家によって交通制度が整えられた。というよりもむしろ古来から交通制度というものはそもそも国家が国家のために整備するという性格を持っていた。なぜなら人や物や情報を早く伝えること、運ぶことは国家運営にあたって基本となる部分であるからである。五街道とそれに準ずる脇往還は江戸幕府が管

図23　飛脚を描いた錦絵
（郵政資料館所蔵）

轄し、とくに五街道は万治二年（一六五九）から道中奉行という役職ができて彼らが統括し、ワンランク上とみなされた。

幕府が整えた宿駅制度は、大きく言って三つの機能があった。①情報伝達、②宿泊、③輸送である。①はいわゆる飛脚制度であり、一般の武家や庶民が利用する町飛脚とは別に、幕府の公的な飛脚として継飛脚というものがあった。飛脚は荷物も送ることができるので、③の機能も兼ねている。俗に「五十三次」と言うが、東海道の五十三宿を宿場ごとに継ぎ替えて、書状などを伝達していくために、このような呼称が生まれた。

宿場では、幕府から定められた数の人足と馬を用意させられており、これらが公用の書状・荷物の運搬に充てられた。しかし、一般の旅行者も少し金額が高くなるが利用することができた。

最後の②宿泊についても、公用の旅行者のために本陣・脇本陣を設置した。日本各地にいくつか残っている本陣や脇本陣はあくまでも公用目的である。宿場は各地域において、物資の集積地となったこともあり、旅籠屋（はたご）や木賃宿（きちんやど）などが増えていき、一つの町を形成していった。旅籠屋は食事がつき、おおよそ二〇〇文～二五〇文程度、木賃宿は自炊で一〇〇文から一五〇文ほどであった。これがいくらくらいかと言うと、現代と江戸時代ではそのまま比較できないためいくとおりかの換算方法がありうる。ここではとりあえず米価から換算すると、一両が三万～五万くらいで、一両が四〇〇〇文のため、一文が七・五円～一三円となる。したがって、旅籠屋で一五〇〇円～三二五〇円、木賃宿で七五〇円～一九五〇円ということになる。

そのほか一里塚が整備されたことも旅人にとっては大きい。里程は実は各地によって一里を何丁とするかがバラバラで定まったものではないのが現実である。しかし、歩く人間

図24　矢掛宿本陣（岡山県小田郡矢掛町所在）

図25　同脇本陣（同所在）

にとって一つの歩く目安となり、また、日よけともなって恰好の休憩場となった。

町飛脚は、こうした幕府の交通政策とは本来関係ないものである。しかし、幕府の整備した制度をもとに三都を中心として発達した。現在の宅配便に近いこのシステムは、どれだけ旅を身軽にしただろうか。旅人は不必要な荷物は旅の途中で送り返すことができた。金銭をすべて携帯しなくても済んだ為替(かわせ)制度も同様である。つまり交通制度は官が官のために整え、それが次第に民に利用され拡張していったものである。また、町飛脚は寛文三年（一六六三）に幕府に許可されるなど、十七世紀後半には旅が大衆化するハード面での条件が整ってきていたと言える。

行動する文化の時代

行動文化とは何か

江戸時代は「文化の大衆化」と「行動文化」の時代であると言われる（竹内誠編『文化の大衆化』〈『日本の近世』一四〉）。これはつまり、文化が多くの人々に享受されるようになったということであるが、それだけではない。一般的に文化的行為とみなされるものを、真の意味で「文化」と認識できる民衆が育ってきたということでもある。それだけ社会が成熟してきたのである。そうでなければ、後世のわれわれがいかに文化的行為と認識するものであっても、それを「文化」として見る眼も、やるだけの教養も、財力も生まれてこない。

江戸時代には、例えば浄瑠璃（じょうるり）や歌舞伎が成立し、芸能が商品化されるようになった

（守屋毅『近世芸能興行史の研究』）。この動向は中央だけにとどまらず、地方・地域にも伝播して演じられるようになり、農村歌舞伎などといって継承されているものが多い。地方の農漁村における文化レベルも相当なものがあり、村落の指導者層の家には多くの書籍が蓄積され、近隣に貸し出され、現在の図書館のような、一種の「公共機関」としての機能を果たしていた（小林文雄「近世後期における『蔵書の家』の社会的機能について」、横田冬彦「益軒本の読者」）。

また、領主の役所からの命令伝達が基本的に文書によってなされたこともあり、識字率はきわめて高かったと考えられている。このため、和歌や漢詩・狂歌・俳諧などを詠む人々が享保期（一七一六～三五）頃から地域に登場し、地域の文化をリードした（塚本学『地方文人』）。あるいは、同じ村落だけでなくある程度の広がりをもった文化サークルのようなものを形成していき、時には中央の文人層を凌ぐ者さえあらわれた。また、家元制度の完成により、茶道や生花なども、師匠からその弟子へ、その弟子からそのまた弟子へという形で伝えられ、今では伝統文化と認識されている諸文化が大衆化した（西山松之助『家元の研究』）。

このようにざっと見ただけでも、いかに多くの文化・芸能が民衆にとって身近なものとなったかが分かる。とりわけ都市の町人は、多くの文化・芸能に接する機会が増え、このように多くの文化的現象に身を投ずる姿を「行動文化」という。この行動文化のなかで最も代表的なものが「寺社参詣」であった。正月の初詣にはじまり、一年中、都市のどこかで祭礼行事が開かれており、町人はふと思い立って参加することが可能であった。

さすがに同じとはいかないが、村落においても「行動文化」に近いものは見られた。

村落における行動文化

武蔵国橘樹郡長尾村（現神奈川県川崎市）には、鈴木家という百姓代などを務めた家があり、その当主の藤助が日記を書き残している（『鈴木藤助日記』）。

長尾村は文政四年（一八二一）に村高五百四十五石七斗九升の村で、一七〇・一七一ページの表からもわかるように、天台宗深大寺末寺の二つの寺院（妙楽寺・等覚院）に、鎮守が二社（五所権現社・赤城社）あり、村方三役もそれぞれ二人ずつと、実質二つの村落に分かれて運営されていた（「村明細書上帳」）。おおよそ北部と南部に分かれ、それぞれが「耕地」と「谷」、もしくは「西村」「東村」と呼ばれていた（「村年中記帳」）。鈴木家は「谷」「東村」側の家である。

この村では鎮守祭礼が九月十四日に五所権現社と赤城社とで隔年で行われ、それぞれの小村が当番をつとめたが、儀式においては両村ともに役割分担があり、実施的に両村の交流の場として存在していた。しかし、これ以外で両村が関わることはあまりなく、藤助は嘉永七年（一八五四）・安政二年（一八五五）・安政七年の三年間で妙楽寺には二回しか訪れていない。これに対して、等覚院には三十三回訪れ、また、逆に等覚院が鈴木家を訪れたのは百四十三回にものぼる。この背景には、①賽銭の勘定や、②安政七年にあった本堂再建に関して費用の取り集めや工費の支払い、③名所となっていた等覚院に対する江戸講との応対があったほか、④名主や村民とのパイプ役を果たしていたことがある。これは百姓代としての職分もあるだろう。これに対して、安政二年に藤助の父が箱根の木賀から帰路発病した際には、亡くなるまでの十九日間ほぼ毎日祈禱を行うなど、等覚院はその功労に報いている。

こうした基礎的な状況を踏まえて、藤助の周辺の宗教的な行動範囲を見ていきたい。

上記の三年間で訪れたものは、近隣で川崎大師二回（初詣・御影供）・奥沢村九品寺浄真寺二回（阿弥陀経千部読誦修行・虫払い）・北沢淡島社二回（夢想灸点）・府中六所宮（現大国魂神社、くらやみ祭）・和泉村地蔵尊・瀬田村鎮守八幡社（祭礼）であった。

若干離れたところでは、相模大山三回（うち二回は夏山祭礼）・水天宮二回・浅草寺・青

表1　長尾村内の寺社

寺社名	宗派(本山)	本尊	別当	境内地面積	建物の広さ	祭礼	所在地
妙楽寺(長尾山勝寿院)	天台宗(多摩郡深大寺村深大寺末)	阿弥陀如来	出家一人	一町四反三歩	本堂横七間・竪八間		河内長尾
薬師堂			妙楽寺	二畝二十五歩	五間四方(*三間四間東向)		妙楽寺境内
五所権現社			妙楽寺	九畝六歩	拝殿間口二間半奥行四間	村鎮守(赤城社と隔年九月十四日)、一月五日流鏑馬	河内長尾の南
神明社			妙楽寺	四畝歩	小社		妙楽寺傍小名鶴ヶ谷
稲荷社			妙楽寺	一町歩	小社		神明社傍
山王社			妙楽寺	三畝二十歩	小社		妙楽寺前
白山社			妙楽寺	一反六畝歩	小社		山王社西
等覚院(神木山長徳寺)	天台宗(多摩郡深大寺村深大寺末)	不動明王	出家一人	一町三反九畝歩	本堂横五間・竪七間		谷長尾

観音堂（千手堂）			等覚院	二十八歩	間口三間奥行二間半（*二間三間南向）		小名別所
地蔵堂			等覚院	一畝二十五歩	間口二間奥行二間半		
赤城社			等覚院	七畝十歩	拝殿間口二間半奥行四間	村鎮守（五所権現社と隔年九月十四日）、一月七日祭事	谷長尾
富士浅間社			等覚院	二十八歩	石小祠	毎年六月一日	小名富士谷
稲荷社			等覚院	八歩	小社		小名大谷
大師穴			妙薬寺				
庚申塚			妙薬寺	二畝十五歩			

（注）文政四年五月「武州橘樹郡長尾村差出明細書上帳」（『神奈川県史』資料編七近世㈣）をもとに作成。ただし、*を付したものは『新編武蔵風土記稿』による。

山善光寺（十夜法要）である。このことから、長尾村からそう遠くない寺社の祭礼行事に行っている点、若干離れている寺社には、ある一定のかつ特定の信仰を抱いて訪れている点が指摘できる。大山はのちほど述べるように、雨乞い祈願としての村全体の共同祈願が背景にある。水天宮は安全祈願である。水天宮には関東の地方文書を調査していると関東全域から参詣している様子がうかがえるため、生に関わる祈願には特別なものがあると言えよう。

また、注目したいのは奥沢村九品寺浄真寺と青山善光寺である。実は鈴木家を中心として稲荷講や月並（つきなみ）の念仏講を結成しており、とくに藤助の妻およしが念仏修行に熱心だった。このためそう遠くない浄土宗の念仏行事に盛んに出かけていたものと思われる。一方で、この三年間に尼寺である善光寺の住職が二回、浄真寺の住職が一回、鈴木家を訪れていて、その際には村人たちが鈴木家に集って交流がもたれている。

日記には頻繁に不特定多数の「比丘尼（びくに）」たちが鈴木家に宿泊していることが記されている。これは青山善光寺へ向かう参詣者ではないかと考えられる。おそらくは定宿として信者の間で広く知られていたのだろう。

大山については、嘉永六年（一八五三）六月に雨不足となった際、十六日に近くの下菅生村・平村・神木（鈴木家のある長尾村の谷側のこと）・上作延村、下作延村の五ケ村で代表者をたてて大山へ水を貰いに行った。さらに二十四日から三日の間、平村から二名参加して赤城社と等覚院に百度参りを村全体（おそらくは谷側のみ）で行っている。等覚院の本尊は不動であり、この不動を大山不動と成田不動に見立てて拝み、垢離取りをしている。つまり、雨乞い祈願の基礎には明確な不動信仰があったわけである。

現世利益への希求

こうして見てみると、物見遊山的な「行動文化」と言えるような参詣行動が見られる一方で、念仏講や不動信仰といった日常的な信仰に基づくものも存在し、かつ安産祈願といった強い現世利益も並立していたのである。

原始仏教は生まれ変わりや輪廻から抜け出して解脱することを目的とするものである。つまり死後の願いである。日本では古代末から誰でも極楽往生できると説いた浄土教が広まるとともに、現世での御利益を願うものへと変容した。江戸時代ではこの現世利益がなおいっそう進んだとされるが、これにはある程度生活が豊かになるにつれ、所有することへの希望から失うことへの不安へのターニングポイントになったのではないだろうか。十七世紀に社会が豊かになり、十七世紀末にバブルがはじけた、まさにちょうどその時から寺社参詣が盛んとなっていくのは、こうした「失うことへの不安」が背景にあるのではないだろうか。

旅の大衆化を経て——エピローグ

旅が日本社会に及ぼした影響は計り知れないものがある。旅をしてそれぞれの地域にもたらしたものという点では二つあるだろう。一つが意識の面。もう一つが実体的な面。意識的な面というのは、「故郷」の再認識である。旅に出て、自分の知らない土地を見ることによって自分の「故郷」を客観的に見つめ直すことが可能になる。柳田國男が、

白状すれば自分なども、春永く冬暖かなる中国の海近くに生れて、この稍狭隘な日本風に安心し切つて居た一人である。本さへ読んで居れば次第々々に、国民としての経験は得られるやうに考へて見たこともあつた。記憶の霧霞の中からちら〳〵と、見える昔は別世界であつたが、そこには花と緑の葉が際限も無く連なつて、雪国の村

に住む人が気ぜはしなく、送り迎へた野山の色とは、殆ど似も付かぬものであつたことを、互に比べて見る折を持たぬばかりに、永く知らずに過ぎて居たのであつた。

（『雪国の春』）

と述べるように、故郷を離れた経験を持たなければ、その気候・風土・習慣がいかに独特なものであるかを知る機会は当然のように得られない。荻生徂徠も『政談』のなかで、

某幼少の時より田舎へ参り、十三年上総国に住みて、身にもさまざまの難儀をし、またさまざまの事を見聞し上、田舎者にて無骨なる故、人の得いわぬかようなる事をも、主人に向いていいたる也。十三年をへて御城下に返りて見れば、（中略）少しは物の心も付きたる様也。始めより御城下に住みつづけたらんには、じねんと移る風俗なる故、うわうわとして何の心も付くまじきと存じ、げに御城下に常にすむ高官・世禄の人は何の心至も無く、また風俗につれて物をもえいわぬも、これまた余義もなき事也と存候也

と書いている。彼は十四歳の時、母の実家のあった上総国長柄郡本納村（現千葉県茂原市）に一家で移り住み十三年間住んだ。そこで徂徠は、もし江戸に住み続けていたら、移り変わる風俗には何も気づかなかっただろう。江戸に住み続ける幕臣らがそれに疎いのも仕方

がないことだ、と言っている。当たり前だが、客観的に故郷を見られるということは、ほかの土地を知ったということでもある。すなわち、故郷の良さを知るだけでなく、悪しき点は他所で得た知識や経験によって改良できるということである。やはり『政談』でも、単に江戸を云々するということだけでなく、農業を体感したが故の発想と政策提案が見られる。

また、柳田は次のようにも言う。

> 此(この)春は山の桜のちやうど咲き初めた頃に、久しぶりに生れ在所に還つて、若い人たちの為に大に風景の推移を談じた。日本の歌や文章では、「古里は昔ながら」とながめるのが、一つの様式の如くなつてしまつたが、少なくとも自分の三十何年前の故郷には、殆と以前を忘却せしめる程の変革がある。（中略）諸国の旅を重ねた後に始めて心づいて見ると、我村は日本にも珍らしい好い処であつた。水に随ふ南北の風透しと日当り、左右の丘陵の遠さと高さ、稲田に宜(よろ)しき緩やかな傾斜面、仮に瀬戸内海の豊かなる供給が無かつたとしても、古人の愛して来り住むべき土地柄であつた。（中略）
>
> 土地に住んだまゝで年を取つた者には、それ程明白なる外景の変遷すらも、実は今

までは心づかずに過ぎたのである。（中略）最も居心地よく村に住んで居る者が最も村の事情に疎く、一番村人らしく無い人が、近所隣と競争しようとせぬ故に、却つて村の安寧を支持するといふことが、見やうに由つては近頃の変化かも知れぬ。新らしい愛郷心が形を具へて来る迄は、斯ういふ冷淡とよそ心とが、僅かに田舎の生活に余裕を与へる。

（『妹の力』）

これは大正十四年（一九二五）十月の『婦人公論』に掲載された論考であるから、江戸時代にそのまま転用できない。しかし、ちょっとばかり外の世界を覗いて見た人は、村の平穏にも一役買っているという指摘は鋭い。彼らは故郷の良いところを知って愛郷心を抱き、そして、故郷を一歩引いた目で見ることができる。こうすることによって、地域に育った知識人たちが、地域の歴史を調べて郷土史家の先駆けとなった。彼らの知識は時には中央の知識人を凌いでいた。こうした文化力が十九世紀に多くの地域に地誌を誕生させた。

実体的な面というのは、まず浮かぶのは農業技術である。筆者は農家の生まれであるが、地鎮講や寄合などがあると、決まって話題になるのがこれである。もちろん誰々の家の誰それがどこの大学に入ったとか、結婚したという話題も定番であるが、真剣な話は農業のことである。世代が変わった家の若者が老人にアドバイスを求める場面を筆者はいくどとなく目にした。伊勢参りに出かけ、同宿した旅人と意見交換をしたり、旅先の田畑で目撃した耕作法を教わるといった「体験」は、農書と比べても遜色のない貴重な情報源である。農業技術だけではない。暦であったり、医療技術（民間信仰）、踊りなどの芸能などがこうした機会を通して全国に広がっていった。道中日記を見ると、都市で薬や絵図（おそらく浮世絵）を購入している事例もある。当時、最先端の文化や技術を取り入れるのには旅は絶好の機会であった。

最後に、この両面によって加速したものがある。いったんは中世末から定住化が進み、より地域地域の個性が深まっていったはずである。定住したからこそ旅は生活の一部ではなくなり、旅は一つの文化となる。しかし、この旅の大衆化によって、再び日本列島が徐々に均質化していくこととなった。均質化するということは、地域の個性を失うことでもある。そして、これは「伝統と革新」といった人類の普遍的なテーマに直結することに気づかされる。

あとがき

ただいま研究室の窓の外はまっしろである。米沢は日本有数の豪雪地帯として知られ、一月には毎日しんしんと雪が降り続ける。赴任当初、一夜にして愛車の上に五〇センチ近い雪が積もり、それを払おうとするとふわっと舞う雪質の良さに感動した。確かに毎朝の車の雪下ろしや雪かきといった雪国特有の煩わしさはある。しかし、慣れると実に住みやすい。たとえば毎日氷点下の寒さであるから、まず出歩こうとは思わない。移動は必ず車である。それゆえ、駅のホームやバス停で待たされる東京より、かえって寒さを感じる場面が少ない。また、雪による湿度のためか、花粉症の症状や起床時の喉の痛みとはまったく無縁になった。

住み始めて三年の私が言うのも何だが、こうした生活をするなかで季節の移り変わりに敏くなってきたような気がする。近世の伊勢参りは一月から三月にかけて行われることが多く、従来、その要因は単に農閑期であるからと解釈されてきた。その解釈自体誤りではないが、しかし、あたり一面の銀世界を眼前にすれば、そんな単純なものではないことは自ずと明白になる。雪国体験のない人の東北論は実証的であったとしてもいかに表層的なものであるか、というのが私の実感である。

これまで私はいやしくも歴史学者を名乗ってきた。農家の生まれであることもあり、無名な庶民の暮らしぶりは肌で感じてきたつもりであった。けれども、その認識や感覚はまったく一面的なものであったのである。米沢に来て、風土を取り込んだ地域史とは何たる物か分かりかけてきたような気がする。こうした経験は、私を歴史学者として成長させてくれるものだと確信している。

ところで、山形は美食と温泉に恵まれ、周囲を美しい山々に囲まれている。しかし、何より山形は日本酒が美味(おい)しい。元来、寒い地域は稲作には適しておらず、代わりに東北には麺文化が育った。しかし、近世以降の品種改良によって、東北は類(たぐ)い希(まれ)な稲作地帯へと変貌した。米沢というと決まって「米沢牛」と言われ辟易するが、こう言う人は歴史家としてのセンスがないな、と最近つくづく思う（以前の自分も）。かつて児玉幸多先生が、ゼミで「忍冬酒」という読み方をめぐって「歴史をやっている人間が冬に酒を造るということもしらないのか」と珍しく怒りを露わにされたという話があるが、まさしく米所(こめどころ)であり寒い日本海側の酒は格別である。米沢での宴会は、ほとんどの時間、日本酒によってコミュニケーションが図られる。これもまた地域で育まれた文化である。このような環境を与えてくれた勤務先に感謝したい。

勤務先ではゆったりとした研究時間をもつことができている。本書もそのなかで生まれた。個人的には、本来の大学のあるべき姿だと思っている。所属する日本史学科は短大にもかかわらず六名もの専任教員がいる。わが学科は学内でも結束力の強い学科として知られており、本当に同僚に恵まれている。古代・中世・近世・近代・現代と各時代担当の先生がおられるため、ここでの私の役割は文化史である。周知のとおり、今や文化史は文学・絵画・建築・芸能といった時代の所産を研究する古典的な文化史を脱却し、文化人類学や社会学・哲学などを巻き込み、いかなる視角で切り込んでいくかというところに比重が置かれている。私も時代ごとに古典的文化史を教えても良いのだが、他の先生方の講義と差別化を図る意味もあり、「旅」というテーマにおける必要性からほとんど独学で学んだ宗教学や人類学・民俗学の拙い知識をもとに講義をしている。自分で学ぶだけならそう難しいことではないが、人に教えるとなるとそう容易(たやす)いことではない。ある授業では、入学早々の一年生とともに柳田国男の主要論文を読んでいるが、随所で卓越した知見を述べるものの、明確に主張をまとめず要領を得ない柳田の文章を解説するのはなかなか骨が折れる仕事である。およそこの二年でずいぶんと宗教学や人類学・民俗学の書籍を読み直させられた。こうした経験も本書には少なからず反映されている。

学生は実に真面目で熱心である。わずか二年間の学生生活であるから、在学中はほとんど授業に出っぱなしで、その間に就職活動や編入学試験をこなし、最後には卒業研究を提出する。実に忙しい。しかも、家庭の事情で国公立以外は駄目という条件で通ってきている学生がほとんどであるから、アルバイトで学費や生活費を稼ぐ学生がいるなど、本当に苦学生同然である。だから講義に対するモチベーションが高いのだろう。私自身の大学生活を振り返ってみると彼女たちにお詫びしたいくらいである。本書には、ゼミでの討論やバーベキューや芋煮会(いもに)などで彼女たちと語り合った何気ない成果が反映されている。東北各地のみならず北は北海道から南は沖縄まで全国から集う学生たちからの聞き取りはとても貴重な財産である。

そして最後に、吉川弘文館の永田伸氏、伊藤俊之氏、国立歴史民俗博物館をはじめとして多くの研究の機会を与えていただいた山本光正先生、学生時代からの恩師田代和生先生にはとくに感謝したい。永田氏からは本書を執筆するにあたって読者の視線から貴重な助言をいただき、励ましていただいた。伊藤氏には編集上での無理なお願いを快く引き受けていただいた。山本先生はとにかく独創的な研究者である。旅研究の大先輩である山本先生、小野寺淳先生との夜の語らいから得た発想もまた本書の欠く可からざる要素である。そして、田代先生は本年三月に退官された。最初に講義を受けた時は先生がまだ四十代であったはずであるから、ずいぶんと時は過ぎたものである。まだまだ未熟な私ではあるが、先生の弟子とは到底思えないようなテーマを選択しながらも何とか自分の道をみつけ、自分なりに日本人の文化や思考や、生活様式の変容に迫ろうとしている姿をくみ取っていただけたらと願う次第である。

二〇一一年二月

原　淳一郎

参考文献

江戸時代の旅に関するもの（読みやすいもの）

西垣晴次『お伊勢まいり』（『岩波新書』黄版）、岩波書店、一九八三年
今野信雄『江戸の旅』（『岩波新書』黄版）、岩波書店、一九八六年
宮本常一編著『庶民の旅』（『旅の民俗と歴史』四）、八坂書房、一九八七年
板坂耀子『江戸の旅と文学』ぺりかん社、一九九三年
深井甚三『江戸の旅人たち』（『歴史文化ライブラリー』九）、吉川弘文館、一九九七年
柴　桂子『近世おんな旅日記』（『歴史文化ライブラリー』一三）、吉川弘文館、一九九七年
北川宗忠『観光・旅の文化』ミネルヴァ書房、二〇〇二年
高橋千劔破『江戸の旅人』時事通信社、二〇〇二年
金森敦子『江戸庶民の旅―旅のかたち・関所と女』（『平凡社新書』一四八）、平凡社、二〇〇二年
神崎宣武『江戸の旅文化』（『岩波新書』新赤版）、岩波書店、二〇〇四年
金森敦子『伊勢詣と江戸の旅』（『文春新書』三七五）、文芸春秋、二〇〇四年
山本光正『江戸見物と東京観光』（『臨川選書』二五）、臨川書店、二〇〇五年
安藤優一郎『観光都市江戸の誕生』（『新潮新書』一一二）、新潮社、二〇〇五年
ヘルベルト・プルチョウ『江戸の旅日記―「徳川啓蒙期」の博物学者たち』（『集英社新書』）、集英社、

二〇〇五年

諸参詣に関するもの（神社史・神社組織史・修験道史に特化したものは除く）

井野辺茂雄『富士の信仰』（浅間神社社務所編『富士の研究』三）、古今書院、一九二八年
児玉洋一『熊野三山経済史』有斐閣、一九四一年
宮地直一『熊野三山の史的研究』（『遺稿集』一）、国民信仰研究所、一九五四年（のち理想社、一九五六年）
圭室文雄『日本仏教史』近世、吉川弘文館、一九八七年
五来　重『熊野詣―三山信仰と文化』淡交新社、一九六七年（のち『講談社学術文庫』、講談社、二〇〇四年）
斉藤典男『武州御嶽山史の研究』隣人社、一九七〇年
戸川安章『出羽三山修験道の研究』佼成出版社、一九七三年
川合重雄他編『鳳来寺山文献の研究』愛知県郷土資料刊行会、一九七九年
中野幡能編著『筑前国宝満山信仰史の研究』名著出版、一九八〇年
宮田　登『江戸歳時記』吉川弘文館、一九八一年（のち『歴史文化セレクション』、吉川弘文館、二〇〇七年）
秋本典夫『近世日光山史の研究』名著出版、一九八二年
岩科小一郎『富士講の歴史―江戸庶民の山岳信仰』名著出版、一九八三年

西海賢二『武州御嶽山信仰史の研究』名著出版、一九八三年
五来重編『山岳宗教史研究叢書』全十八冊、名著出版、一九七五～八四年
楠　正弘『庶民信仰の世界—恐山信仰とオシラサン信仰』未来社、一九八四年
西海賢二『石鎚山と修験道』名著出版、一九八四年
近藤喜博『金毘羅信仰研究』塙書房、一九八七年
西山　克『道者と地下人—中世末期の伊勢』（『中世史研究選書』）、吉川弘文館、一九八七年
長野　覚『英彦山修験道の歴史地理学的研究』名著出版、一九八七年
生駒勘七『御嶽の信仰と登山の歴史』第一法規出版、一九八八年
根井　浄『修験道とキリシタン』東京堂出版、一九八八年
豊島　修『熊野信仰と修験道』名著出版、一九九〇年
鈴木正崇『山と神と人—山岳信仰と修験道の世界』淡交社、一九九一年
月光善弘『東北の一山組織の研究』佼成出版社、一九九一年
岩鼻通明『出羽三山信仰の歴史地理学的研究』名著出版、一九九二年
由谷裕哉『白山・石動修験の宗教民俗学的研究』岩田書院、一九九四年
広渡正利『英彦山信仰史の研究』文献出版、一九九四年
岩鼻通明『出羽三山の文化と民俗』岩田書院、一九九六年
西海賢二『石鎚山と瀬戸内の宗教文化』岩田書院、一九九七年
村上直編『近世高尾山史の研究』名著出版、一九九八年

福江　充『立山信仰と立山曼荼羅―芦峅寺衆徒の勧進活動』岩田書院、一九九八年
福江　充『近世立山信仰の展開―加賀藩芦峅寺衆徒の檀那場形成と配札』岩田書院、二〇〇二年
青柳周一『富岳旅百景―観光地域史の試み』（『角川叢書』二一）、角川書店、二〇〇二年
菅原壽清『木曽御嶽信仰―宗教人類学的研究』岩田書院、二〇〇二年
岩鼻通明『出羽三山信仰の圏構造』岩田書院、二〇〇三年
鈴木昭英『修験道歴史民俗論集』全三巻、法蔵館、二〇〇三〜〇四年
平野榮次『富士信仰と富士講』（『平野榮次著作集』一）、岩田書院、二〇〇四年
久田松和則『伊勢御師と旦那―伊勢信仰の開拓者たち』弘文堂、二〇〇四年
豊島　修『熊野信仰史研究と庶民信仰史論』清文堂出版、二〇〇五年
森田清美『霧島山麓の隠れ念仏と修験―念仏信仰の歴史民俗学的研究』岩田書院、二〇〇八年
由谷裕哉『白山・立山の宗教文化』岩田書院、二〇〇八年
西海賢二『武州御嶽山信仰』（『山岳信仰と地域社会』上）、岩田書院、二〇〇八年
西海賢二『富士・大山信仰』（『山岳信仰と地域社会』下）、岩田書院、二〇〇八年
甲州史料調査会編『富士山御師の歴史的研究』山川出版社、二〇〇九年
村上弘子『高野山信仰の成立と展開』雄山閣、二〇〇九年
西村敏也『武州三峰山の歴史民俗学的研究』岩田書院、二〇〇九年
三木一彦『三峰信仰の展開と地域的基盤』古今書院、二〇一〇年
＊以上の他、『民衆宗教史叢書』全三十二巻、雄山閣出版、一九八三〜九九年には、伊勢信仰・白山信仰・

富士浅間信仰・大山信仰・秋葉信仰など参詣史に関するものがある。また、山岳修験学会編『山岳修験』には、各地の山岳信仰ごとに特集が組まれたものがある。

旅行史全般に関するもの

新城常三「遠隔行旅の問題」『地方史研究』五八、一九六二年
新城常三「近世民衆の旅」『地方史研究』六二・六三、一九六三年
新城常三『社寺参詣の社会経済史的研究』塙書房、一九六四年（のち新稿、塙書房、一九八二年）
山本光正「旅日記にみる近世の旅について」『交通史研究』一三、一九八五年
深井甚三『近世女性旅と街道交通』桂書房、一九九五年
桜井邦夫「近世の道中日記にみる手荷物の一時預けと運搬」『大田区立郷土博物館紀要』九、一九九八年
八木清治『旅と交遊の江戸思想』花林書房、二〇〇六年
原淳一郎『近世寺社参詣の研究』思文閣出版、二〇〇七年
幡鎌一弘編『近世民衆宗教と旅』宝蔵館、二〇一〇年

伊勢参宮モデルルート論

小松芳郎「道中日記からみた伊勢への道のり」『長野』八四―三、一九八四年
小松芳郎「道中記にみる伊勢参詣―近世後期から明治期を通して」『信濃』三八―一〇、一九八六年
桜井邦夫「近世における東北地方からの旅」『駒沢史学』三四、一九八六年

小野寺淳「道中日記にみる伊勢参宮ルートの変遷―関東地方からの場合」『筑波大学人文地理学研究』一四、一九九〇年
高橋陽一「多様化する近世の旅―道中記にみる東北人の上方旅行」『歴史』九七、二〇〇一年

西国巡礼・四国遍路・諸巡礼に関するもの

速水　侑『観音信仰』塙書房、一九七〇年
前田　卓『巡礼の社会学―西国巡礼・四国遍路』ミネルヴァ書房、一九七一年
近藤喜博『四国遍路』桜楓社、一九七一年
真野俊和『旅のなかの宗教―巡礼の民俗誌』(『NHKブックス』三六四)、日本放送出版協会、一九八〇年
星野英紀『巡礼―聖と俗の現象学』(『講談社現代新書』六二三)、講談社、一九八一年
近藤喜博『四国遍路研究』三弥井書店、一九八二年
小嶋博巳編『西国巡礼三十三度行者の研究』岩田書院、一九九三年
真野俊和編『講座日本の巡礼』全三巻、雄山閣出版、一九九六年
巡礼研究会編『巡礼研究の可能性』(『巡礼論集』一)、岩田書院、二〇〇〇年
星野英紀『四国遍路の宗教学的研究―その構造と近現代の展開』宝蔵館、二〇〇一年
田中智彦『聖地を巡る人と道』岩田書院、二〇〇四年
佐藤久光『遍路と巡礼の社会学』人文書院、二〇〇四年

佐藤久光『遍路と巡礼の民俗』人文書院、二〇〇六年
四国遍路と世界の巡礼研究会編『四国遍路と世界の巡礼』法蔵館、二〇〇七年
浅川泰宏『巡礼の文化人類学的研究―四国遍路の接待文化』古今書院、二〇〇八年
佐藤久光『秩父札所と巡礼の歴史』岩田書院、二〇〇九年
星野英紀・浅川泰宏『四国遍路』(『歴史文化ライブラリー』三一八)、吉川弘文館、二〇一一年

江戸時代の宗教史に関するもの

〈概説書・論集〉

辻善之助『日本文化と仏教』大日本図書、一九三七年
辻善之助『日本仏教史』近世篇一~四、岩波書店、一九五二~五五年
豊田　武『日本宗教制度史の研究』厚生閣、一九三八年(のち第一書房、一九七三年)
圭室文雄『日本仏教史』近世、吉川弘文館、一九八七年
末木文美士『日本仏教史―思想史としてのアプローチ』新潮社、一九九二年
末木文美士『日本宗教史』(『岩波新書』新赤版)、岩波書店、二〇〇六年
青柳周一・高埜利彦・西田かほる編『地域のひろがりと宗教』(『近世の宗教と社会』一)、吉川弘文館、二〇〇八年
井上智勝・高埜利彦編『国家権力と宗教』(『近世の宗教と社会』二)、吉川弘文館、二〇〇八年
澤博勝・高埜利彦編『民衆の〈知〉と宗教』(『近世の宗教と社会』三、吉川弘文館、二〇〇八年

〈幕府の宗教統制〉

藤井　学「江戸幕府の宗教統制」『岩波講座日本歴史』一一、岩波書店、一九六三年
圭室文雄『江戸幕府の宗教統制』評論社、一九七一年
高埜利彦『近世日本の国家権力と宗教』東京大学出版会、一九八九年
杣田善雄『幕藩権力と寺院・門跡』思文閣出版、二〇〇三年

〈檀家制度・本末制度〉

竹田聴洲『祖先崇拝―民俗と歴史』平楽寺書店、一九五七年
竹田聴洲『日本人の「家」と宗教』評論社、一九七六年
圭室諦成『葬式仏教』大法輪閣、一九六三年
大桑　斉『寺檀の思想』(『教育社歴史新書』一七七)、教育社、一九七九年
圭室文雄『葬式と檀家』(『歴史文化ライブラリー』七〇)、吉川弘文館、一九九九年
朴澤直秀『幕藩権力と寺檀制度』吉川弘文館、二〇〇四年

〈浄土真宗史から近世宗教史全般を見渡したもの〉

森岡清美『真宗教団と「家」制度』創文社、一九六二年
森岡清美『真宗教団における家の構造』御茶の水書房、一九七八年

児玉　識『近世真宗の展開課程―西日本を中心として』吉川弘文館、一九七六年
千葉乗隆『真宗教団の組織と制度』同朋舎、一九七八年
奈倉哲三『真宗信仰の思想史的研究―越後蒲原門徒の行動と足跡』校倉書房、一九九〇年
有元正雄『真宗の宗教社会史』吉川弘文館、一九九五年
上場顕雄『近世真宗教団と都市寺院』法蔵館、一九九九年
児玉　識『近世真宗と地域社会』法蔵館、二〇〇五年
大阪真宗史研究会編『真宗教団の構造と地域社会』清文堂出版、二〇〇五年
引野亨輔『近世宗教世界における普遍と特殊―真宗信仰を素材として』法蔵館、二〇〇七年

〈仏教思想史〉
中村　元『日本宗教の近代性』（『中村元選集』八）、春秋社、一九六四年
中村　元『近世日本の批判的精神』（『中村元選集』七）、春秋社、一九六五年
大桑　斉『日本近世の思想と仏教』法蔵館、一九八九年
大桑　斉『日本仏教の近世』法蔵館、二〇〇三年
西村　玲『近世仏教思想の独創―僧侶普寂の思想と実践』トランスビュー、二〇〇八年

〈神道史〉（幕末維新期以降、ただし国学については省略）
村上重良『近代民衆宗教史の研究』法蔵館、一九五八年

安丸良夫『日本の近代化と民衆思想』青木書店、一九七四年（のち『平凡社ライブラリー』三〇六、平凡社、一九九九年）
圭室文雄『神仏分離』（『教育社歴史新書』一一三）、教育社、一九七七年
安丸良夫『神々の明治維新—神仏分離と廃仏毀釈』（『岩波新書』黄版）、岩波書店、一九七九年
村上重良『新宗教—その行動と思想』評論社、一九八〇年
村上重良『国家神道と民衆宗教』吉川弘文館、一九八二年（のち『歴史文化セレクション』、吉川弘文館、二〇〇六年）
桂島宣弘『幕末民衆思想の研究—幕末国学と民衆宗教』文理閣、一九九二年
島薗　進『現代救済宗教論』青弓社、一九九二年
井上智勝『近世の神社と朝廷権威』吉川弘文館、二〇〇七年

〈地域社会と宗教〉
澤　博勝『近世の宗教組織と地域社会—教団信仰と民間信仰』吉川弘文館、一九九九年
佐藤孝之『駆込寺と村社会』吉川弘文館、二〇〇六年
澤　博勝『近世宗教社会論』吉川弘文館、二〇〇八年

〈寺社の宣伝活動〉
比留間尚「江戸の開帳」西山松之助編『江戸町人の研究』二、吉川弘文館、一九七三年

湯浅　隆「近世的開帳の成立と幕府のその政策意図について」『史観』九〇、一九七八年
湯浅　隆「江戸における近世的開帳の展開」『史観』九九、一九七九年
比留間尚『江戸の開帳』（『江戸選書』）、吉川弘文館、一九八〇年
北村行遠『近世開帳の研究』名著出版、一九八九年
鈴木良明『近世仏教と勧化―募縁活動と地域社会の研究』岩田書院、一九九六年
滝口正哉『江戸の社会と御免富―富くじ・寺社・庶民』岩田書院、二〇〇九年

その他

児玉幸多『近世農民生活史』吉川弘文館、一九五七年（のち『歴史文化セレクション』、吉川弘文館、二〇〇六年）
西山松之助『家元の研究』校倉書房、一九五九年
西山松之助編『江戸町人の研究』全六巻、吉川弘文館、一九七二年〜二〇〇六年
宮田　登『近世の流行神』評論社、一九七二年
塚本　学『地方文人』（『教育社歴史新書』八四）、教育社、一九七七年
水江蓮子『江戸市中形成史の研究』弘文堂、一九七七年
小野武雄編著『江戸物価事典』展望社、一九八〇年
長友千代治『近世貸本屋の研究』東京堂出版、一九八二年
松本四郎『日本近世都市論』東京大学出版会、一九八三年

守屋　毅『近世芸能興行史の研究』弘文堂、一九八五年
小林文雄「近世後期における「蔵書の家」の社会的機能について」『歴史』七六、一九九一年
朝尾直弘編『世界史のなかの近世』(『日本の近世』一)、中央公論社、一九九一年
速水　融『近世濃尾地方の人口・経済・社会』創文社、一九九二年
竹内誠編『文化の大衆化』(『日本の近世』一四)、中央公論社、一九九三年
横田冬彦「益軒本の読者」横山俊夫編『貝原益軒―天地和楽の文明学』、平凡社、一九九五年
長谷川成一『失われた景観―名所が語る江戸時代』吉川弘文館、一九九六年
岸本　覚「長州藩藩祖廟の形成」『日本史研究』四三八、一九九九年
岸本　覚「長州藩の藩祖顕彰と藩政改革」『日本史研究』四六四、二〇〇一年
杉　仁『近世の地域と在村文化』吉川弘文館、二〇〇一年
鈴木章生『江戸の名所と都市文化』吉川弘文館、二〇〇一年
横田冬彦『天下泰平』(『日本の歴史』一六)、講談社、二〇〇二年
白井哲哉『日本近世地誌編纂史研究』思文閣出版、二〇〇四年
上杉和央『江戸知識人と地図』京都大学学術出版会、二〇一〇年

＊本文中で未掲載のものも含め、発表・刊行年順に掲載した。また、分類はあくまで便宜的なもので、複数のテーマに該当するものも多い。

著者紹介

一九七四年、神奈川県に生まれる
一九九八年、慶應義塾大学文学部史学科卒業
二〇〇六年、同大学大学院文学研究科史学専攻後期博士課程修了、博士(史学)
現在、山形県立米沢女子短期大学日本史学科准教授

主要著書・論文
近世寺社参詣の研究　寺社参詣と庶民文化―歴史・民俗・地理学の視点から―

歴史文化ライブラリー
320

江戸の寺社めぐり
鎌倉・江ノ島・お伊勢さん

二〇一一年(平成二十三)五月一日　第一刷発行

著　者　原　淳一郎
発行者　前田求恭
発行所　株式会社　吉川弘文館
東京都文京区本郷七丁目二番八号
郵便番号一一三―〇〇三三
電話〇三―三八一三―九一五一〈代表〉
振替口座〇〇一〇〇―五―二四四
http://www.yoshikawa-k.co.jp/
印刷＝株式会社平文社
製本＝ナショナル製本協同組合
装幀＝清水良洋・星野槙子

歴史文化ライブラリー

1996.10

刊行のことば

現今の日本および国際社会は、さまざまな面で大変動の時代を迎えておりますが、近づきつつある二十一世紀は人類史の到達点として、物質的な繁栄のみならず文化や自然・社会環境を謳歌できる平和な社会でなければなりません。しかしながら高度成長・技術革新にともなう急激な変貌は「自己本位な刹那主義」の風潮を生みだし、先人が築いてきた歴史や文化に学ぶ余裕もなく、いまだ明るい人類の将来が展望できていないようにも見えます。このような状況を踏まえ、よりよい二十一世紀社会を築くために、人類誕生から現在に至る「人類の遺産・教訓」としてのあらゆる分野の歴史と文化を「歴史文化ライブラリー」として刊行することといたしました。

小社は、安政四年（一八五七）の創業以来、一貫して歴史学を中心とした専門出版社として書籍を刊行しつづけてまいりました。その経験を生かし、学問成果にもとづいた本叢書を刊行し社会的要請に応えて行きたいと考えております。

現代は、マスメディアが発達した高度情報化社会といわれますが、私どもはあくまでも活字を主体とした出版こそ、ものの本質を考える基礎と信じ、本叢書をとおして社会に訴えてまいりたいと思います。これから生まれでる一冊一冊が、それぞれの読者を知的冒険の旅へと誘い、希望に満ちた人類の未来を構築する糧となれば幸いです。

吉川弘文館

〈オンデマンド版〉
江戸の寺社めぐり
鎌倉・江ノ島・お伊勢さん

歴史文化ライブラリー
320

2021年（令和3）10月1日　発行

著　者　原　淳一郎（はら　じゅんいちろう）
発行者　吉川道郎
発行所　株式会社　吉川弘文館
〒113-0033　東京都文京区本郷7丁目2番8号
TEL　03-3813-9151〈代表〉
URL　http://www.yoshikawa-k.co.jp/

印刷・製本　大日本印刷株式会社
装　幀　清水良洋・宮崎萌美

原淳一郎（1974～）

ISBN978-4-642-75720-1